図解入門ビジネス

Shuwasystem Business Guide Book　How-nual

最新 為替［FRB／日本銀行／ECB／人民銀行］の基本とカラクリがよ～くわかる本

相場変動の仕組みと外貨取引の基礎

［第2版］

脇田 栄一 著

秀和システム

●注意
(1) 本書は著者が独自に調査した結果を出版したものです。
(2) 本書は内容について万全を期して作成いたしましたが、万一、ご不審な点や誤り、記載漏れなどお気付きの点がありましたら、出版元まで書面にてご連絡ください。
(3) 本書の内容に関して運用した結果の影響については、上記(2)項にかかわらず責任を負いかねます。あらかじめご了承ください。
(4) 本書の全部または一部について、出版元から文書による承諾を得ずに複製することは禁じられています。
(5) 本書に記載されているホームページのアドレスなどは、予告なく変更されることがあります。
(6) 商標
　　本書に記載されている会社名、商品名などは一般に各社の商標または登録商標です。

はじめに

　為替レート変動を観るうえで、「FRB」「ECB」「日銀」の政策動向が細かくウォッチされるようになったのはここ10年、おそらくは、2008年9月に米国で発生した「リーマンショック」以降だったと認識しています。

　世界的に株価は低迷し、日本では「円高」という言葉が一般的にも認識されるようになりました。「世界金融危機」「FRB」「量的緩和」。このような聞き慣れない言葉が飛び交い、金融の専門家といわれている人たちは、我こそは、といわんばかりに「FRB」「FOMC」「量的緩和」に関心を示し、調査をし始めたのです。逆にいえば、専門家と呼ばれる人たちですら、「このような用語は聞いたことはあるけど、中身はわからない」。あるいは「言葉や大まかな仕組みは知っているが、為替レートとどのように関連付けてよいのか、そこがわからない」。といった状況でした。少なくとも、筆者の認識ではそのような状況だった、と理解しています。

　「専門家」ですらわからないのに「情報量の少ない個人投資家」がわかるわけがない、といった認識が当時あったのも事実ですが、実際には専門家ですらわからなかった、つまり「米国の金融情勢と外国為替市場」を分析する専門家は皆無に等しかったのではないでしょうか。

　しかし「あののち10年」。金融危機を経由し米国の様々なデータ発表機関は公的・民間問わず、具体的な情報開示を加速させていきました。そのような状況とITの普及加速が重なり、世界各国の金融情報は法人・個人問わず「ほとんど誰でも」といっていいほどキャッチできるようになりました。21世紀に入って散々いわれていることではありますが、2010年、2015年、そして2020年突入直前となったいま、身をもって実感する日々です。この書籍に記載されている内容は、「外国為替市場における基軸通貨ドル」との兼ね合いから、米国からの情報が中心となっています。そしてこれらの情報は誰でも手に入れることができます。

　この書籍は、「入手可能な情報」をどう考察するか。他の情報とどう重ねるのか、といった意味で、読者の方々と「手に入る情報」をリンクさせる「手引き」となることを目標にしています。

　初版の2013年から早6年、外国為替市場の基本は変わりません。しかし「カラクリ」は日々変化しています。情報発信する海外の金融当局ですらマーケットとの取り組み方に日々工夫を凝らしている、といった状態です。そのような意味で書籍の後半部は特に注目して欲しい、と思います。

　金融市場の世界では、ややこしくて面倒くさい英語表記の頭文字などが多く散見されます。筆者自身も1つの言葉だけを理解するだけでクタクタになることがあります。語弊があるかもしれませんが、頑張って付いてきて欲しい、と思います。途中で疲れるかもしれません。そのような時は必要に応じて目を通していただければ、と思う次第です。

2019年2月　脇田 栄一

図解入門ビジネス
最新為替の基本とカラクリがよ〜くわかる本 [第2版]
CONTENTS

はじめに …………………………………………………… 3

第1章 外国為替の仕組み

- 1-1　為替とは？ ………………………………………… 10
- 1-2　外国為替レートとは？ …………………………… 12
- 1-3　24時間開いている外国為替市場 ………………… 14
- 1-4　外国為替を米ドルベースで考える ……………… 16
- 1-5　円高・円安の意味 ………………………………… 18
- 1-6　インターバンク・レートとカスタマーズ・レート ……… 22
- 1-7　外国為替レート（スポットレート）の表示 ……… 25
- 1-8　先物レートを活用する為替予約（為替リスクヘッジ） … 27
- 1-9　外国為替市場のメインプレーヤーたち ………… 30
- 1-10　固定為替相場制から変動為替相場制へ ………… 34
- **コラム**　通貨インフラ信用の歴史 ………………………… 40

第2章 外国為替市場における各国の位置付け
―年々変化する為替を取り巻く環境―

- 2-1　外国為替市場における通貨ペアの取引シェア ……… 42
- 2-2　外国為替市場における通貨取引シェア ………… 44
- 2-3　国別での外国為替取引シェア …………………… 46
- 2-4　ドルストレートとクロスレート ………………… 48

CONTENTS

2-5　メジャーカレンシー、マイナーカレンシーとリクイディティ … 50
2-6　共通通貨　ユーロ ……………………………………… 52
2-7　ユーロの抱えるジレンマ …………………………… 56

第3章　内外金利差と為替レート
―金利を誘導する中央銀行のオペレーション―

3-1　内外金利差と連動する外国為替レート ……………… 62
3-2　政策金利とは？ ………………………………………… 64
3-3　外国為替レートに影響を与える中央銀行の公開市場操作 … 67
3-4　為替レートに影響を及ぼす「政策金利の誘導」………… 69
3-5　物価目標と政策金利 …………………………………… 74
コラム　事実よりも噂や印象が重要？ ……………………… 78

第4章　為替レートの変動要因
―相場を読み解く上での基礎知識―

4-1　中央銀行は
　　　「為替レート変動におけるメインプレーヤーの1人」…… 80
4-2　キャリートレードとリスクオン ……………………… 82
4-3　経常収支と為替レート ………………………………… 85
4-4　実質実効為替レートと名目為替レート ……………… 91
4-5　為替レートを動かす実需マネーと投機マネー ……… 95
4-6　季節や一定の時期による為替変動の話 ……………… 99

第5章 市場が注目する国家の通貨誘導政策

- 5-1 為替介入 …………………………………………… 104
- 5-2 単独介入と協調介入 ……………………………… 112
- 5-3 不胎化介入と非不胎化介入 …………………… 117
- 5-4 覆面介入の効果と問題点 ……………………… 120
- 5-5 口先介入 …………………………………………… 123

第6章 外国為替市場を動かす中央銀行の金融緩和政策

- 6-1 量的緩和政策とバンドワゴン効果 …………… 126
- 6-2 アメリカの量的緩和政策（通称QE）………… 130
- 6-3 市場が注目するアメリカのTノート ………… 136
- 6-4 日本の量的緩和政策と円安トレンド ………… 138
- 6-5 ECBの量的緩和政策 …………………………… 142
- 6-6 ECBの量的緩和政策とユーロ相場 …………… 144
- 6-7 中央銀行の「出口戦略」と為替レート ……… 151

第7章 相場の読み方
―ドル円レートを決定する米国側の要因―

- 7-1 米雇用情勢と為替レート ……………………… 154
- 7-2 米住宅市場と為替レート ……………………… 159
- 7-3 消費者のセンチメント指数と為替レート …… 162
- 7-4 透明化が加速する中央銀行の政策変更の目途 … 164
- 7-5 イールドカーブと為替レート ………………… 167
- 7-6 QEからQTへ　量的緩和から量的引き締めへ … 174

第8章 外国為替市場に最も影響を与える アメリカの会合FOMC

- 8-1 米国の金融政策を決定するFOMC ……………… 180
- 8-2 FOMC声明文と為替レート ……………………… 186
- 8-3 金利予想のドットプロットと経済予想のSEP ……… 189
- 8-4 FOMC討議資料とFOMC議事要旨の理解は 高い金融リテラシーを示す ……………………… 194
- 8-5 FRBの金利コリドー政策 ドルの上振れ・下振れを見極める ……………… 199
- 8-6 コリドー政策の下限金利をマイナス化した 「マイナス金利政策」……………………………… 202

第9章 基軸通貨ドルと各国の外貨準備

- 9-1 基軸通貨ドルとグローバルインバランス ………… 206
- 9-2 脱ドル依存の波と中国人民元のドルへの挑戦 ……… 211
- 9-3 中国政府の為替政策 ……………………………… 217
- 9-4 ドル独歩高と新興国の通貨安 …………………… 220
- 9-5 欧州不安ユーロ危機と過去の通貨危機 …………… 224
- 9-6 複数通貨に対する総合的価値を示すドル指数 …… 230

索引 ………………………………………………… 234

第1章

外国為替の仕組み

　普段、私たちが日常生活の中で耳にする「為替（かわせ）」という言葉。具体的に、為替とは何を指しているのでしょうか？「外国為替」とは？

　「円高」「円安」と連日のようにニュースで報道されています。それらの意味するところ、そして実際に、「円高」「円安」が、私たちにどのような経済的影響を与えいるのかなど、この第1章で考えていきたいと思います。

　「為替」はグローバル経済を考える上で、基本的な知識になります。外国為替を初めて学ぶ人にとっては聞き慣れない言葉が多く出てくるかもしれませんが、それも「外国為替」の1つの側面だと思い、割り切って一緒に為替を考えていきましょう。

　それらを踏まえた上で、外国為替の仕組みを解説していきたいと思います。

1-1 為替とは？

普段、私たちの日常生活の中で、「為替」という言葉を聞くことがあります。

会社員の方であれば会社の中で、また、大学生や高校生などの学生の方、あるいは主婦などの方であれば、TVやネットニュースなどで「為替」という言葉を目にすることがあると思います。

そのように、日常生活で目にすることのある「為替」ですが、そもそも「為替」とは何を指しているのでしょうか？

▶▶ 為替は内国為替と外国為替に分けられる

一般的に話題となる「為替」という言葉ですが、為替といって一般の方が思い浮かべるのは、「1ドル＝100円」などといった表示だと思います。

「今日は1ドル＝95円になっているね」などといった会話は、ごく日常の中で聞かれる内容のものだと思います。しかし具体的にいえば、この「1ドル＝○○円」といった表記は、「為替」そのものを指しているわけではありません。そのような「1ドル○○円」といった表示は、ドルと日本円の交換比率を示したもので、「為替」そのものを表してはいないのです。

それでは「為替」とは何でしょう？「為替」の一般的定義をいえば、「**離れた地域間におけるお金のやり取りを、現金の移動を伴わずに、金融機関（銀行）の仲介によって行われるもの**」ということになります。

遠隔地の取引であれば、実際に現金を運ぶのは不便ですし、危険性も伴います。そういうことから考え出されたのが「為替」という仕組みですが、「離れた地域間」というのは、当然ながら国内・海外を問いません。そういうことから、「為替」には国内での取引を指す「内国為替」と、海外の国との取引を指す「外国為替」の2通りに分けられます。

この本の主旨は、後者の「外国為替」の説明ですが、その外国為替の位置付けを理解するためにも、前者の「内国為替」についても簡単に触れておきます。

▶▶ 内国為替と外国為替の違い

「内国為替」を日常生活の例で考えてみましょう。例えば、あなたが国内の通信販売の会社から、好きな家具を購入したとき、銀行振込みで出品者に料金を支払ったり、クレジットカードを利用して銀行引き落としで家具を購入したりします。または、月々における携帯電話の使用料金の銀行引き落とし等です。

このように、国内において、直接現金の手渡しをすることなく、銀行を介して取引することこそが「内国為替」ということになります。それに対して「外国為替」とは、海外の販売会社から商品を購入したときに、内国為替と同様、銀行経由で決済することを指します。

つまりごく簡単にいってしまえば、**内国為替と外国為替の違いは、取引先が国内にあるのか、それとも外国にあるのか、その違い**だけだといえます。

内国為替と外国為替

1-2 外国為替レートとは？

外国の通貨は日本円ではなく、外貨を使用しており、日本は当然ながら日本円を使用しています。したがって、国内での取引であろうと海外での取引であろうと、その決済手段としては同じ仕組みだといえる「為替」ですが、外国為替の場合は、上記のことから通貨の交換が必要になってきます。

▶▶ 外国為替における「通貨の交換」

個人・法人問わず、海外との取引においては、通貨の交換が必要になってきます。例えば、アメリカ企業から何らかの製品を日本企業が輸入すれば、アメリカの通貨であるドルをアメリカ企業に支払わなくてはいけませんし、逆に日本企業がアメリカ企業に、何らかの製品を輸出すれば、その代金はドルで支払われる＊ことになります。

代金をドルで受け取った日本企業は、そのお金を国内で使う為にドルから日本円に換えなくてはいけません。このように、異なる外貨を交換するときに重要になってくるのが「為替レート」です。本書「1-1節」の冒頭で述べたように、一般のほとんどの人が「為替」といって思い浮かべるのは「1ドル＝○○円」という表記だと思うのですが、「1ドル＝○○」というのは、具体的に言えば「為替」ではなく、上記のように、**異なる2つの外貨の交換価値を表した概念で、正式には「外国為替レート」**と呼びます。

2つの異なる通貨の交換比率を表した「外国為替レート」は、お金とお金を交換する時価値基準、と言い換えることができるでしょう。

▶▶ 交換比率が日々変化する変動為替相場制

この、異なる通貨の交換比率を表した為替レートは、日々変化しています。

1日の違う時間帯にニュースを見た場合でも、「現在1ドル＝○○円」とその数字（レート）は違うものが流れていますが、これはその通貨の需要と供給によってレートが決定されるという**変動為替相場制**を、日本を含む多くの国が採用しているから

＊**ドルで支払われる**　アメリカ企業が日本円で代金を支払わないのには、アメリカのドルが、世界の貿易決済に広く利用されている基軸通貨だということがその主たる理由となっている。

に他なりません。変動為替相場制を英語でいうと「Floating exchange rate system（フローティング・エクスチェンジ・レート・システム）」となりますから、ただ単に「フロート」、または「フロート制」といわれることもあります。

つまり、**通貨の交換比率を固定せず、需給関係によって比率が決定される**ので、そのレートは、日々目まぐるしく変化している、ということになります。

通貨の売買が行われる「外国為替市場」

異なる通貨を売買する場、すなわち、外国為替レートを決定する場を**外国為替市場**（がいこくかわせしじょう）といいます。「決定する場」とは言っても、世界中で通貨の売買は行われていますが、ニューヨークやロンドン、東京などでは物理的な特定の取引所は存在しておらず、ドイツやフランスなどでは取引所が存在する国もあり、そういう意味において**外国為替市場というのは通貨の売買におけるシステムやネットワーク全体**を指しています。

そして、ここでいう「システムやネットワーク全体」というのは、電話・コンピューター・その他通信回線などを通じて通貨の売買が行われることを意味しています。

外国為替市場とは

外国為替市場とは通貨の売買が行われるシステムやネットワークの全体を指す。

1-3 24時間開いている外国為替市場

「1-2節」で説明した通り、通貨の売買は世界各国、絶え間なく行われていますので、外国為替市場は24時間開いている、ということになります。

ただし、世界的にも金融機関（銀行）は土日に休業するので、具体的には「土日以外、平日24時間開いている」ということになります。

▶▶ 「月曜の早朝から土曜の早朝まで」の取引

日本時間に合わせて、外国為替市場を考えてみましょう。ウェリントン市場（ニュージーランド）が日本時間の午前5時から開いています（以下は全て日本時間）。

シドニー市場（オーストラリア）は午前7時から。東京市場は午前8時からです。

香港・シンガポール市場が午前9時からで、バーレーン市場が午後14時からになります。フランクフルト市場が15時、ロンドン市場が17時、ニューヨーク市場は21時からになります。その後、日本時間の明け方（午前5時）には再びウェリントン市場が開きますので、結果として24時間取引が続いていることになります。

前述したように、このサイクルが週末の金曜日まで続くので、日本では土曜の午前7時まで続きます。ウェリントン市場の開く時間（日本時間午前5時）を考えると、日本では月曜の**早朝5時から、週末土曜の早朝5時まで、24時間絶え間なく外国為替市場が開いている**ことになります。

なお、このように、世界各国の為替市場がリレーするような形になりますが、「1-2節」で述べたように、外国為替市場というのは特定の場所を示す言葉ではなく、売買における「システムやネットワーク全体」を指す言葉になります。ということは、世界各国の各市場においても明確な取引時間が決まっているわけではありません。

例えば、新聞紙上では、東京市場の取引時間を午前9時から午後5時まで、と表記していますが、午前9時のレートは取引開始時刻というわけではなく、東京時間における午前9時のレート、ということになります。

▶▶ 夏時間・冬時間によって違う取引

さらに、市場の開始時間が明確に決まっていないことに加え、欧米やオセアニア地区ではサマータイム制を導入しています。サマータイム制というのは、夏になれば夜明けは早くなりますから、時刻を1時間早め、活動時間を合理的にするものです。

つまり外国為替市場は、土日以外24時間開いていますが、その取引時間帯は季節によって違います。なお、欧米は3月頃から10月頃までこのサマータイム制を導入することになります。

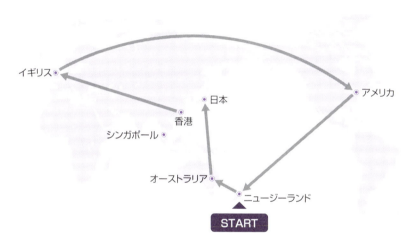

世界各国の為替市場

(参考:夏時間の取引 /夏時間・冬時間で1時間変動する)

1-4
外国為替を米ドルベースで考える

異なる通貨の交換価値である外国為替レートは、「外貨に対する日本円の価値」であると共に、「日本円に対する外貨の価値」を表したものだといえます。

▶▶ 「1ドル＝100円」の意味

例えば、よく目にする「1ドル＝100円」といったような表示は、外貨に対する日本円の価値であることから、この交換比率を逆に、日本円に対する外貨の価値として表記した場合には、「円＝0.01ドル」となります。

そしてこれは、外国為替レートが「1ドル＝100円」だった場合には、5ドルは500円を意味しています。逆に、日本円を基準にした場合には、「100円＝1ドル」、「500円＝5ドル」ということになります。

- 外国為替レート（ドル／円レート）＝100円

1ドル＝100円
5ドル＝500円
100ドル＝10000円
500ドル＝50000円

- 外国為替レート（円／ドルレート）＝0.01ドル

円＝0.01ドル
5円＝0.05ドル
100円＝1ドル
500円＝5ドル

▶▶ アメリカの影響力とドル／円レート

上記の内容は、ドルと日本円を例に取っています。一方の通貨を基準に見た場合における、もう一方の通貨価値、ということになりますが、基準が違うだけで実質の

価値を表す意味合いは同じです。

　ただし、皆さんがよく目にする外国為替レートは、「円＝○○」ではなく、「1ドル＝○○」という表記です。ドルを基準として表示されるのは、アメリカの通貨である米ドル（USD）が世界の貿易に広く使われる通貨であることが理由です。

　米ドルが世界の貿易決済に広く使われる理由としては、アメリカの経済規模が世界最大であり、軍事力でも同様に世界最大であることがその主因になります。

　世界各国が、外国に支払う債務の返済や、輸入代金の支払いとして積み上げている**外貨準備高も、その内訳が明らかになっているぶんは、その6割以上は米ドル**が占めています（2019年IMF調べ）。

　このように、経済的にも軍事的にも世界に絶大な影響を及ぼすアメリカの通貨（米ドル、USD）は「**世界の基軸通貨**」としての地位を確立しており、日本では円と米ドルの交換価値を表した外国為替レートは、日本円基準ではなく、米ドル基準である「ドル/円レート」が一般的に用いられている、ということになります。「1ドル＝○○円」といった表記は、みなさんが日々、目に慣れ親しんだものではないでしょうか。

米ドル紙幣

▼1ドル札（表と裏）

1-5
円高・円安の意味

「1ドル＝○○円」といった表示は為替そのものではなく、外国為替レートであり、米ドル基準が一般的だということを説明しました。そのような為替レートを参考にしながら、私たちは海外旅行に出掛け、現地で買い物等をします。そのようなとき、一般的に話題となるのが**「円高」・「円安」という言葉**です。

「円高なので海外旅行へ行く人が増加」といったニュースなどを目にすることがあります。そもそも、円高・円安、さらにはドル高・ドル安とは具体的にどのようなことを指すのでしょうか？

▶▶ 円の価値が上がる「円高」、価値が低くなる「円安」

例えば、外国為替レートが「1ドル＝90円」のときと「1ドル＝100円」のときは、どちらが円高でしょうか？

外国為替と無関係の人であれば、ピンとこないかもしれません。数字としては後者（100円のとき）の方が大きくなっていますので、1ドル＝100円の方が円高、と感覚的には答えてしまいそうです。しかし実際には1ドル＝90円から1ドル＝100円になったときは「円安」を示しています。

「90円から100円に高くなったにも関わらず、なぜ円安なの？」という疑問がごく自然な感覚だといえるでしょう。しかし実際には逆なのです。

例えば、アメリカ国内で缶コーヒー1本の価格が1ドルだったとします。

そのとき、同じ1ドルであったとしても、90円で買うのと、100円で買うのとではどちらがお買い得でしょうか？ 当然、90円で買う方がお得、となります。

このように、外国製品を購入するとき、海外旅行に行って現地で買い物をするときなど、外国為替レートが「1ドル＝90円」のときと「1ドル＝100円」のときでは90円のときの方がお得、だということになります。**円高というのはこのように、円の実際の価値が上がったことを意味**しています。

これを今度は大きな買い物で考えてみましょう。アメリカの自動車（いわゆるアメ車）が10000ドルで売っていたとします。「1ドル＝90円」であれば、日本円で90万円、「1ドル＝100円」であれば100万円になります。販売価格は、10000

ドルで変わらないのに、為替レートが違うだけで「10万円のお買い得」ということになります。

缶コーヒーと自動車の例で分かるように、その「お買い得感」は買い物する商品価格が大きくなればなるほど顕著になります。自動車の例では、販売価格が10000ドルで同じであるにも関わらず、**為替レートが10円違うだけで10万円もお得になったわけ**です。

逆に、「円安」とは、当然ながら「円高」とは逆のことを指すわけですから、この例でいえば、1ドル＝90円から1ドル＝100円になったときのことを指しています。1ドルが90円から100円になった場合には、缶コーヒー購入の例でいえば、10円損になりますし、10000ドルの自動車の場合には、10万円損になります。**為替レートは、外国製品を購入するときに最も重要なツール**だということです。

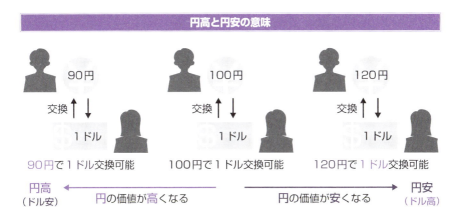

円高はドル安、円安はドル高

「円高」は円の価値が高くなるといいましたが、一方の通貨価値が高くなるということは、もう一方の通貨価値は低くなる、ということを示しています。

1ドル＝90円から1ドル＝100円では**円安とともに「ドル高」を表しており**、

1ドル＝100円から1ドル＝90円では**円高とともに「ドル安」を表している**、ということです。

1ドル＝90円	→	1ドル＝100円	円安（ドル高）
1ドル＝100円	→	1ドル＝90円	円高（ドル安）

1-5　円高・円安の意味

日本国内では１ドル＝○○円と表示されるレートの呼称は「**ドル円レート**」といいますが、ニュースなどで「ドル円が上昇」といえば、ドル高を表すと共に、円安になったことを意味しています。また逆に、「円安になりました」と報道されているときは、ドル円が上昇したことを意味しています。これは言い方の問題で、ちょっとややこしく感じるかもしれません。

▶▶ 貿易と為替レート

個人が海外製品を購入するときですら、大きな損得に繋がるわけですから、海外企業と大規模な取引を行っている日本の輸出入企業などは、為替レートは企業生命に直結しているといっても過言ではありません。個人も企業も、為替レートを介した取引の原理は同じなのですが、個人と法人とではその規模はまったく違います。以下、簡単な例で企業の対外活動（貿易取引）を見てみましょう。

さきほどの個人の自動車購入の例では、「買う側」の立場で説明しました。**買う側にとっては、「円高（ドル安）」の方が得をする**、という話です。では、売る側の立場に立ったときには、どうなるでしょう？　当然、逆で考えれば、**売る側は「円安（ドル高）」で得をする**、ことになります。

例えば、日本の自動車は世界中に輸出されていますが（売る側）、さきほどの例と同じように「１ドル＝90円」「１ドル＝100円」の場合で、その活動内容を考えてみます。

日本企業が米国向けに「10000ドル」で輸出していたとすれば、１ドル90円であれば、90万円の売り上げになりますし、１ドル100円であれば、100万円の売り上げになります。輸出企業などは大量生産して海外に製品（ここでは自動車）を輸出しますから、１台につき10万円も利益が違うことになれば、数10万台、数100万台と輸出する大手自動車メーカーなどの場合には、膨大な利益の違いが出てくるのは明らかです。

逆に、海外製品を輸入する日本企業（買う側）は、さきほどの個人の例のように、円高（ドル安）で得をすることになります。

海外から原材料を輸入する日本企業を例にとってみれば、１万ドルの原材料を１ドル100円のときに輸入すれば、100万円のコストが掛かり、１ドル90円ですと90万円のコストで済みます。前述の自動車同様、大量に輸入すれば、大きな利益の

このことからわかるのは、**輸入型企業であれば、円高を望みますが、輸出企業は円安を望む**、ということです。円高・円安、といった為替レート変動は、企業にとって非常に重要な問題なので、日々、そのレート変動から目が離せない状態だといえるでしょう。

世界経済のグローバル化が進む中、このような輸出入企業に勤める会社員は多く、当然ながら、会社の業績はそのまま彼らの収入に結び付いています。為替レート変動によって、会社の業績が決まり、個人の所得が決定し、そしてそれが個人の消費活動に結び付いているのです。

それらを考えると、**為替レート変動というものは、個人と法人各々の問題ではなく、日本経済全体の問題として、非常に重要**だといえます。企業の業績が上昇し、日本社会全体の消費活動が上昇すれば、物価も上昇し、給与はまた上昇すると言った「景気の好循環」が生み出されるからです。日々、TV報道などで「1ドル＝○○円」といった為替レートが流されていますが、海外と直接取引しない個人の人でも、このような視点で為替レートを眺めることは、社会人として非常に重要だといえると思います。

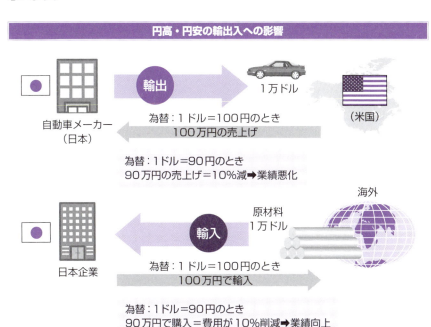

円高・円安の輸出入への影響

1-6 インターバンク・レートとカスタマーズ・レート

　外国為替レートは、取引されている市場の違いによって、大きく2つに分けられます。1つが銀行間で取引されている市場(**インターバンク市場**)に適用されるレートで、「**インターバンク・レート**」。もう1つは、一般企業や個人が銀行と取引する市場(**対顧客市場**)のレートで「**カスタマーズ・レート**」(対顧客向けレート)といわれるものです。

▶▶ インターバンク・レート（銀行間取引のレート）

　一般に、為替レートという場合には、インターバンク市場におけるインターバンク・レートを指しており、私たちがTVのニュース等で目にする為替レートは、このインターバンク・レートになります。その理由としては、外国為替市場において重要な役割を果たしているのが銀行であることに他ならないからです。

　銀行間市場(インターバンク市場)では、世界中の銀行が、電話やインターネットなどで通貨を売買しています。このように、売り手と買い手の当事者間で取引が成立する「相対取引」であることから、同時刻であってもインターバンク・レートは数多く存在することになります。

　ちなみに、インターバンク市場のレート、とはいっても、厳密には保険会社や証券会社も参加しています。これは外為法が改正された為であり、本来は銀行のみ参加可能でした。インターバンク市場では、対顧客向け取引よりも有利な価格で取引されることが通例となっています。

▶▶ カスタマーズ・レート（対顧客向けのレート）

　カスタマーズ・レートとは対顧客市場における顧客向けレートのことです。

　私たち一般個人や、一般企業の為替取引の相手は銀行であり、銀行からすると私たちは「顧客」ということになります。そういうことから、銀行の顧客向け取引のレートはカスタマーズ・レート、ということになります(対顧客向けレート)。

　さらに、カスタマーズ・レートは、**企業向けと個人向けのレートに分けられます**が、どちらもその決定基準となっているのは、インターバンク・レートです。

1-6 インターバンク・レートとカスタマーズ・レート

●企業向けの取引レート

　企業向けの取引レートは、企業と銀行がインターバンク・レートに、事前に取り決めていた手数料を上乗せすることで成立します。

●個人向けの取引レート

　個人向けの取引レートは、銀行側が、取引するその日における午前9時55分のインターバンク・レートを基準にし、各顧客（個人）に応じてそのレートを適用するのが一般的となっており、この基準となるインターバンク・レートを「仲値（なかね）」（TTM＊）と呼びます。

　仲値（TTM）のような基準を設定するのは、インターバンク・レートが世界中で24時間取引されており、その都度顧客と取引レートを設定する事が困難であるためです。

　基本的に、この仲値を停止することはありませんが、ただしインターバンク・レートがその日に1円以上動いた場合には停止し、顧客には新たなレートを提示します。

　各金融機関は、この仲値をベースとして、顧客の用途に応じたレートを適用する事になります。

　銀行と顧客が円と外貨の交換をするときに、それが電信取引であれば、仲値に為替コストを加えたレートが適用されることになり、これを「TTS＊」（対顧客電信売相場）と呼びます。

　仲値から為替コストを引いたレートは「TTB＊」（対顧客電信買相場）といいます。

　TTSというのは顧客が円を外貨に換えるときのレート、TTBというのは顧客が外貨を円に換える時のレートです。

　上記は、銀行口座における通貨の交換の話になります。つまり、前述したように電信相場の話になるわけですが、同じ両替でもその場で現金に換える時には、移動や保管のコストが掛かってくるので、電信相場のレートに、一層の手数料が上乗せされることになります。

＊ **TTM**　Telegraphic Transfer Middle rateの略。
＊ **TTS**　Telegraphic Transfer Selling rateの略。
＊ **TTB**　Telegraphic Transfer Buying rateの略。

1-6 インターバンク・レートとカスタマーズ・レート

　顧客がその場で現金に交換する場合のことを、現金相場といいますが、電信相場と同様、売相場と買相場に分けられます。
　その場で円を現金の外貨に交換するときのレートは「現金売相場」。逆に、その場で外貨を現金の円に交換するときのレートを「現金買相場」といいます。

個人向けレート

- **仲値（TTM）が個人向けレートの基準になる**
一般的には、受け渡し当日の午前9時55分頃のインターバンク・レートが、個人向けレートの基準になる。これを仲値という。

- **TTS（対顧客電信売相場）**
顧客が、銀行で円を外貨に交換する際に適用されるレート。銀行側から見れば、外貨を売ることになるので、対顧客電信売相場と呼ばれる。TTMに、各銀行が決めたコストが上乗せされる。（TTS＝TTM＋為替コスト）

- **TTB（対顧客電信買相場）**
顧客が、銀行で外貨を円に交換する際に適用されるレート。銀行側から見れば、外貨を買うことになるので、対顧客電信買相場と呼ばれる。TTMから、各銀行が決めたコストを差し引く。（TTB＝TTM－為替コスト）

- **現金売相場**
顧客が銀行で、円を現金の外貨に交換する際に適用されるレート。TTSに各銀行が決めたコストを上乗せされる。（現金売相場＝TTS＋為替コスト）

- **現金買相場**
顧客が銀行で、外貨を現金の円に交換する際に適用されるレート。TTBに各銀行が決めたコストを差し引く。（現金買相場＝TTB－為替コスト）

1-7 外国為替レート（スポットレート）の表示

「1-6節」で説明したインターバンク・レートとカスタマーズ・レートですが、これは外国為替レートを、取引される市場の違いからの分類分けでした。

以下の説明は、そのような取引される市場の違いからではなく、受渡し日の違いからの、為替レートの分類分けになります。

▶▶ 直物レートと先物レート

TVニュースなどで目にする為替レートがインターバンク・レートだということは「1-4節」の冒頭部分で説明しましたが、具体的には、そのインターバンク（銀行間取引）の**直物取引のレート**がTVニュース等で流れている為替レートになります。

インターバンク（銀行間取引）において、通貨の交換を契約した日から2営業日に受け渡しをする取引を**直物取引（スポット取引）**といいますが、銀行と顧客の間での為替取引においては、契約と同時に受け渡しが成立する場合を、直物取引といいます。そして、そのような直物取引のレートのことを**直物レート（スポットレート）**といいます。TVニュースなど日常で目にする為替レートは、このインターバンク市場における直物レートを指している、ということになります。

このように、通貨売買の契約日から2営業日以内に、為替の受け渡しが行われる取引を直物取引といいますが、それ以降（3営業日以降）の将来の一定時点において受け渡しが行われる取引を、現時点で契約することを**先物取引（フォワード取引）**といい、**先物レート**が適用されます。

▶▶ 外国為替レートの表示は買値と売値を示している

TV等で目にする為替レートが、銀行間取引の直物レートを指していることを説明しましたが、皆さんがよく目にする為替レートは「1ドル＝98.10－98.40」というような表示になると思います。これは一見、98円10銭から98円40銭の間で取引されているように思えるかもしれませんが、実際には、銀行の買値（**ビッドレート**/ bid rate）と売値（**オファーレート**/ offer rate）を指しています。

1-7 外国為替レート（スポットレート）の表示

A銀行が「1ドル98円10銭なら買っても良い」と考え、相手方にそのレートを提示しており、B銀行が「1ドル98円40銭なら売っても良い」と考え、そのレートを提示している状況を示しています。

売買の希望レートを提示することを「**建値**」（たてね）といいますが、これを英語で表現すれば、クォーテーション（Quotation）です。

取引する銀行双方が建値（クォーテーション）をしているわけですから、このビッドレート（買値）とオファーレート（売値）を同時に提示することを**トゥー・ウェイ・クォーテーション**（Two-way Quotation）といいます。

▶▶ 売買の成立

それでは実際の取引はどのようにされるのでしょうか？

ビッドレート（買値）とオファーレート（売値）の差を **スプレッド**（spread）といいますが、例えば「1ドル＝98.10－98.40」を見た市場参加者が98円20銭のビッドレートを提示すれば、表示は「1ドル＝98.20－98.40」となり、それ以上のビッドレートを提示した市場参加者がいれば、スプレッドはさらに縮小することになります。

「98円40銭で買っても良い」と考えた市場参加者がそのレートで買えば、表示は「1ドル＝98.20－98.45」というようにスプレッドは拡大することになります。

このように、買い手と売り手が歩み寄り、スプレッドが縮小することで売買は成立します。双方の希望レートを受けてスポットレートが決まるこのような方式を、**オファー・ビッド方式**といいます。

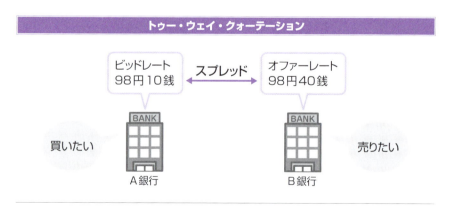

トゥー・ウェイ・クォーテーション

1-8 先物レートを活用する為替予約（為替リスクヘッジ）

「1-7節」で説明したように、通貨売買の契約日から2営業日以内に、為替の受け渡しが行われる取引を直物取引といいますが、**それ以降（3営業日以降）の将来の一定時点において受け渡しが行われる取引を、現時点で契約することを先物取引（フォワード取引）**といいます。

▶▶ 為替予約でリスクヘッジ

個人・法人に関わらず、異なる通貨の国際間取引を行う場合には、**為替リスク**というものが存在します。例えば、日本の輸出入業者は一般的に、国際間取引においてドル建てで契約しているので、輸入業者はドルで輸入代金を支払い、輸出業者の場合には、ドルで輸出代金を受け取ることになります。しかし一般的に、そのような取引というものは契約成立と同時に支払いが履行されるわけではありませんから、それを踏まえると、将来の決済時の為替レートによって損益が確定することになってしまいます。

当然ながら、将来の決済時における為替レート（スポットレート）を見通すのは難しいわけですが、輸出入企業などは、そのような将来的における為替変動による損失リスクを防ぐために、銀行と**先物為替予約（為替予約）**を結ぶことが可能となっています。先物為替予約というのは、銀行が提示する**先物レート（フォワードレート／Forward Rate）**で決済する為替のリスクヘッジ、ということになります。

▶▶ 輸出入企業の先物為替予約

輸入企業はなるべく円が高いときに決済を行いたいという意向がありますし、輸出企業は円ができるだけ安いときに決済したい、という意向が存在します。

例えば、仮に6カ月後に、1万ドルの輸入代金を支払うことが決まっている輸入企業がいたとします。前述のように輸入企業は、できるだけ円高時に決済を行いたいという意図がありますから（円高でそれだけ多くのドルが買える）、例えば、契約を結んだ時点での相場の流れが円安トレンドであった場合には、支払い日である6カ

1-8 先物レートを活用する為替予約（為替リスクヘッジ）

月後の為替リスクを避けるために、為替予約（輸入業者の場合には輸入予約）を銀行と結んでおこうという思惑が働きます。

仮に、銀行が提示する6カ月先物のドル円レート（先物レート）が1ドル＝95円だったとして、このレートで為替予約を結んでいた場合には、輸入企業の支払額は95万円となります。逆に、為替予約を結ばず、決済日の為替レート（スポットレート）で支払う場合、仮に懸念していた円安が進行し、1ドル＝100円だった場合には支払い金額は100万円となってしまいます。仮に急激な円安トレンドが発生しており、1ドル＝102円、105円となっていた場合には102万、105万と、当然ながら支払額は増加することになります。よって、輸入企業の場合には、目の前の為替相場が円安トレンドが急激であるほど、**為替予約（輸入予約）**をしておこう、といった思惑が働きます。

他方、輸出企業の場合には、できる限り円が安いときに決済を行いたい思惑があります。よって、目の前の相場が急激な円高トレンドであった場合など為替予約（輸出予約）を行う傾向にあり、逆に目の前の相場が円安トレンドであった場合には、その必要性は薄れ、取引日のスポットレートで決済を行った方が有利になる可能性が高いといえます。

つまり、輸入・輸出企業ともに、**自社にとって都合の悪い相場の流れが目の前で継続している場合には、為替予約**を使ってリスクヘッジを掛ける、ということになります。かといって、為替予約を銀行と結ぶことによって、必ずしも有利に働くとは限りません。

前述の輸入企業のケースでは、目の前の相場が急激な円安トレンドである場合に、6カ月後の1万ドルの支払いを1ドル＝95円の先物レート（6カ月先物レート）で為替予約をしました。しかし為替相場のことですから、その支払日が遠くなるにつれ、状況がどうなっているかはわかりません。通常市場では、ドル円やユーロドル等の主要通貨ペアは、5年までの先物レートが建っていますが、実際には1年以内の取引がほとんどです。

かといって1カ月先と6カ月先では、相場の状況はまるで違う場合が考えられ、いくら目の前の相場が円安トレンドであったとしても、上記輸入企業のケースでは、6カ月先にスポットレート（直物レート）が1ドル＝88円、となっているかもしれません。

1-8 先物レートを活用する為替予約（為替リスクヘッジ）

　このレートで考えた場合には、支払い額は88万円となり、為替予約を結ばなかった方が利益が多かった、ということになります。よって、繰り返しになりますが、為替予約というものは、企業にとって必ずしも有利に働くというものではなく、先物レートも将来の予想レートというわけではない、ということです。あくまで、輸出入企業が採算ベースを考えた上で、急激な為替変動リスクを事前に防ぐ、といった意味合いのものになります。

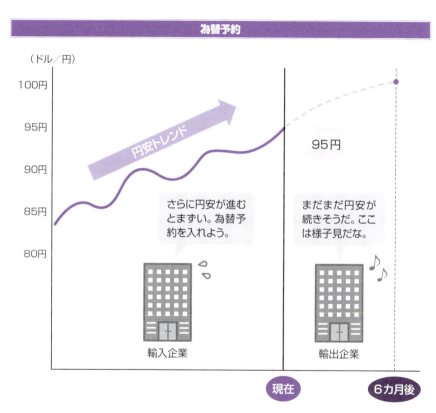

1-9 外国為替市場のメインプレーヤーたち

通貨を取引し、為替レートを決めているのは、外国為替市場に参加しているプレーヤーたちです。実際に売買を行い、為替レートを決定している参加者を把握しておくことは、外国為替市場を読み解く上で、重要なポイントの一つだといえそうです。

▶▶ インターバンク市場参加者と対顧客市場参加者に分かれる

外国為替市場において、大きな役割を果たしているのは銀行になりますが、銀行以外では為替ブローカー、中央銀行、個人、事業法人、ヘッジファンド等が参加しています。

ただし、「1-6節」で説明したように、取引される市場はインターバンク市場と対顧客市場に分かれており、参加者たちも、その参加する市場が違ってきます。

前述の銀行・為替ブローカー・中央銀行などはインターバンク市場。個人・事業法人・機関投資家・ヘッジファンド等は対顧客市場への参加者、ということになります。

インターバンク市場と対顧客市場

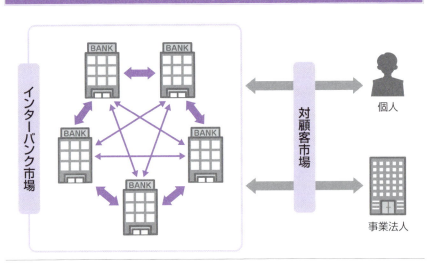

▶▶ インターバンク市場参加者

　インターバンク市場では、当然ながら銀行が大きな役割を果たしています。

　銀行は、マーケットメーカーであるのと同時にマーケットユーザーでもありますが、マーケットメーカーとは、ビッド（買値）とオファー（売値）を建値（提示）する側で、マーケットユーザーとは、その買値・売値を求める側を指します。

　つまり、市場取引の流動性を高める役割を担っているのがマーケットメーカーで、それに応じるのがマーケットユーザー、ということになります。マーケットメーカーはインターバンク市場で十分な信用力が必要であることから、どこの銀行でもなれるというわけではなく、マーケットメーカーは有力銀行が担っています。

　インターバンク市場参加者は、銀行・為替ブローカー・中央銀行等と言いましたが、銀行を具体的に分類すれば、都市銀行・信託銀行・地方銀行・信用金庫・外国銀行などになります。インターバンク市場は、銀行を中心とした金融機関に限定された市場だといえます。

　為替ブローカーというのは、正式には外国為替ブローカーと呼ばれる仲介取引業者で、インターバンク市場で為替取引を仲介しています。自ら為替ポジションを持つことはありません。

　為替ブローカーのブローキングには、人間が取引を仲介する「ボイスブローキング」と、コンピュータ・システムが取引を仲介する「電子ブローキング」があります

為替ブローカーのブローキング

インターバンク市場

電話または電子画面で取引

為替ブローカー

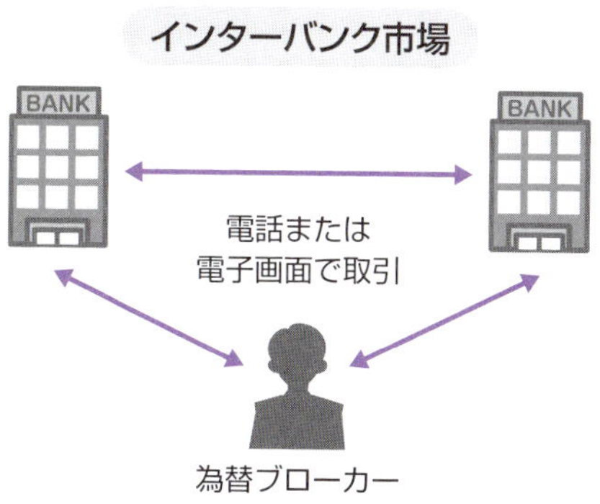

が、現在は、人ではなく通信端末を介する後者の電子ブローキングシステム（EBS/Electronic Broking System）が主流となっています。

▶▶ 顧客市場参加者

　銀行が、顧客を相手に取引する対顧客市場の参加者は、前述のように**個人・事業法人**など。また、**生命保険・損害保険などの保険会社、年金基金・投資信託などの機関投資家**も対顧客市場参加者になります。

●個人

　1998年の外為法改正（98年4月施行）によって、それまで外貨預金等に投資することしかできなかった個人が、自由に為替取引ができるようになりました。これによってFX（Foreign exchange）を行う**一般個人投資家が年々増加し、為替レートを動かす大きな勢力となっています**。FXは海外ではForexとも呼ばれている金融商品で、一定の証拠金を担保として、その25倍までの金額を売買できる取引です。FXは、取引単位も小さく、低コストで取引できることから、新しい外貨投資のスタイルとして確立しています。

　このような個人投資家とは別に、海外旅行をする際に、円と外貨を交換（売買）する海外旅行者も銀行の顧客になるので、対顧客市場参加の個人、ということになります。

●事業法人

　事業法人というのは、商社やメーカーなどの輸出入を行う一般企業のことを指しており、海外からモノを輸入する際には、円と外貨の交換を行い、輸出の際にも得た外貨を円に換えます。これら事業法人の通貨取引は、貿易取引と一体の関係にあり、対顧客市場の中でも大きな位置付けとなっています。

●機関投資家

　生命保険や損害保険、年金基金・投資信託などは、顧客の資金を運用することから、法人投資家という位置付けになりますが、これら法人投資家は、その資産運用規模や売買額が大きいことから、**機関投資家**と呼ばれています。

●ヘッジファンド (hedge fund)

　一般の方にとって、**ヘッジファンド**（hedge fund）は聞き慣れない言葉かも知れません。

　「ヘッジ（hedge）」という言葉には、危機を回避する防止策、という意味合いがあり、「ヘッジファンド」を直訳すれば危機を回避するファンド（基金）ということになります。

　相場が下落したときには対応できない通常のファンド（投資信託）とは違って、そのような局面（下落相場）でも利益を追求することからそのような呼称となっています。

　通常のファンドは一般から広く資金を集める「公募形式」であるのに対し、ヘッジファンドは、機関投資家や富裕層などの特定投資家から私的に資金を集める「私募形式」となっており、最近では企業年金等の投資先としても注目を集めています。

　通常のファンドと違って、その運用方法に規制が少ないこともあり、高い収益率を目指す半面、失敗したときの損失額が大きくなるといった、従来の「ヘッジファンド（損失回避）」といった意味合いからは少々離れているのが実情だといえるかもしれません。

　ヘッジファンドのその他の特徴としては、投資単位が大きい・公開情報が少ない・一定期間解約できない、などが挙げられます。ヘッジファンドは一般的に、前述した機関投資家の中には含まれません。

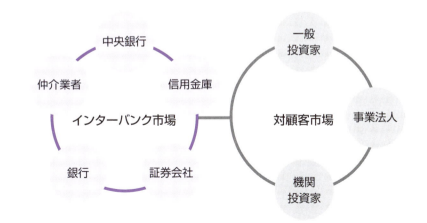

外国為替市場の参加者

1-10 固定為替相場制から変動為替相場制へ

為替レートの決定は、外国為替市場における通貨の需要と供給に委ねられます。

これを**変動為替相場制（floating exchange rate system／フロート制）**といいますが、これについては「1-2節」で少々言及しました。その仕組みから日々レートが変動する為替相場ですが、変動相場制の前は、為替レートを変動させず、一定水準に固定する**固定為替相場制**が採用されていました。

▶▶ ブレトンウッズ体制とは

日本を含む、先進各国が現在の変動為替相場制に移行したのは1973年でしたが、それ以前には固定相場制度が採用されていました。固定相場制の誕生は、1944年まで遡ります。第一次世界大戦（1914年－1918年）と第二次世界大戦（1939年－1945年）の戦間期において、世界大恐慌が発生しました。世界は、1929年から1930年代前半において、長期的経済不況に陥ったのです。この大恐慌の発生によって、1930年代には世界各国で保護貿易（ブロック経済）が一般化し、**通貨切り下げ競争とともに世界貿易は縮小、世界経済は急速に悪化**しました。そしてそれ自体が、第二次世界大戦の原因となったといわれています。

この反省から、欧米主導の下、国際協調による世界経済安定化・国際収支の均衡を目指すため、通貨体制の安定化を図るための会議が1944年、アメリカのニューハンプシャー州北部に位置するブレトンウッズで開かれました。ここでの会議で、戦後の世界経済の安定・発展を促すべく、IMF＊（国際通貨基金）やIBRD＊（国際復興開発銀行）の設立が決定し、それと同時に、米ドルのみ金と唯一交換（兌換）できる基軸通貨としました。**金1オンスを35米ドルと固定**し、その他の通貨は米ドルと交換比率を固定しました。

米ドルに対する為替レートは、各国がドルに対する平価を設定し、先進国はその平価から上下各0.75％以内の変動幅、その他の国は上下各1％の変動幅が設定されました。そして、この固定相場制の下で、**日本円は1ドル＝360円に固定される**ことになりました。

＊ **IMF**　International Monetary Fundの略。
＊ **IBRD**　International Bank for Reconstruction and Developmentの略。

1-10 固定為替相場制から変動為替相場制へ

これらの協定は、会議が開かれた地名にちなんでブレトンウッズ協定（Bretton Woods Agreements）といい、この通貨体制自体のことを**ブレトンウッズ体制**といいます（または**金本位制、または金ドル本位制**）。

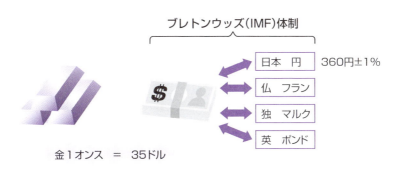

（1オンス35米ドルを基軸としたブレトンウッズ体制）

このように、米ドルを基軸とする固定為替相場制が成立したのは、アメリカが当時、大規模な外貨を保有する唯一の経常黒字国であり、経済的にも軍事的にも圧倒的な地位を築いていたことや、そのため当時すでに基軸通貨となりつつあったこと、そしてそのアメリカ自身が米ドルを基軸通貨とすることを強く主張していたということが米ドルを中心とした固定為替相場制を確立させました。

▶▶ ブレトンウッズ体制の崩壊

圧倒的な経済力を誇るアメリカも、1960年代に入るとベトナム戦争の戦費調達のため、米国債を大量に発行、財政赤字が拡大すると共に、景気は過熱し大幅な輸入超過に陥りました。経常赤字が大きく膨らんだ結果、将来のドルの減価を危惧する世界各国の国々は、アメリカに金とドルとの交換を求めましたが、アメリカの金準備は無くなる一方となり、ドルへの信認は失墜する一方でした。

1-10　固定為替相場制から変動為替相場制へ

1971年当時、アメリカの大統領だったニクソン大統領が「金とドルとの交換停止」を突如発表したのは、そのような背景の中、起こった出来事でした。このニクソン大統領の唐突な宣言は、世界中に衝撃を与えたのと同時に、アメリカ議会にも事前に知らされていなかったのです。そのような様々な驚きを伴ったこの「ドル切り下げ宣言」は「**ニクソンショック**」と呼ばれることになりました。この出来事によって1944年から続いた**固定相場制（ブレトンウッズ体制）は、一気に崩壊へと向か**うことになりました。

▶▶ スミソニアン体制の崩壊

「ドルの金への兌換を停止」としたニクソン大統領の声明は、1971年8月15日でしたが、その後アメリカ政府は、先進各国通貨の増価について各政府と交渉を続けました。

先進各国がアメリカと、自国通貨を増価することで合意したのは同年12月18日。アメリカのワシントンにあるスミソニアン博物館で、IMF参加の10カ国（G10）によって、それまでの1オンス＝米ドル35ドルから**1オンス38ドル**に切り下げられました（円は1ドル360円から308円へ切り上げ）。

ブレトンウッズ体制とスミソニアン体制

	ブレトンウッズ体制	スミソニアン体制
金とドルの交換率	1オンス＝35ドル	1オンス＝38ドル
為替変動率	上下各1%	上下各2.25%

為替変動幅も、ブレトンウッズ体制時代の「上下各1%」から「上下各2.25%」へと緩和され、固定相場制が何とか維持されたこの協定を**スミソニアン合意**（Smithsonian Agreement）といい、この通貨体制を**スミソニアン体制**といいます。

しかし結局、それから1年数カ月経ったのち、先進各国は相次いで変動為替相場制に移行しました。

これは、スミソニアン体制で合意していた1オンス38ドルが、1973年には1オンス42ドルへと再び切り下げられたことで、ドルへの信認が完全に失墜したからだといえます。イギリスなどはその前年（1972年6月）にポンド危機が起こり、各国に先駆けて早々と変動相場制に移行しており、それに続く形で各主要通貨国は固定相場制を離脱しました。**日本が変動相場制に移行したのは、1973年2月**、EC諸国は3月でしたが、これによって、スミソニアン体制も僅か1年数カ月で終焉を迎えました。

先進主要国は、**1973年に固定相場制度から変動為替相場制へ移行**したことになります。

▶▶ キングストン合意

先進主要国は、1973年に変動為替相場制へ移行したものの、同年には第4次中東戦争によって発生したオイルショック（原油価格の高騰）などの混乱によって、各国主要通貨は激しく動き、変動為替相場は大きな影響を受けました。

日本の円も1973年2月に変動相場制導入直後、1ドル＝260円まで円高が進みましたが、このときは、基軸通貨であるドル買いが買われ（**有事のドル買い**）、1ドル＝約300円水準まで戻り、1976年ごろまで同水準で推移しました。

オイルショックに見られるように、1973年に先進主要国は変動為替相場制へと移行したものの、制度移行の時期には様々な問題が起こり、変革期だったといえるかもしれません。

そんな中、1976年1月にジャマイカのキングストンでIMFの暫定委員会が開かれ、「IMFの第2次協定改正」が行われ、その中で「変動相場制と固定相場制の自由選択制」や「金の廃貨」などが決定し、変動為替相場制はこれによって正式承認されました。実質的に先進主要各国は、変動為替相場制に移行していたわけですから、1976年キングストンでの決定事項は、現状追認だったということになります。この正式決定した事項を**キングストン合意**（Kingston Agreements）といい、これ以降続いたこの新しい国際通貨体制のことをキングストン体制といいます。

1-10 固定為替相場制から変動為替相場制へ

為替相場制度をめぐる歴史

ブレトンウッズ体制 → スミソニアン体制 → 変動為替相場制移行期 → キングストン体制（変動為替相場制正式承認）→ プラザ合意 → ルーブル協定

▶▶ プラザ合意

1980年代前半のアメリカは、レーガン政権下で巨額の財政・貿易赤字という、いわゆる「双子の赤字」の問題を抱えていました。当時のアメリカのレーガン大統領の経済政策はレーガノミクスと呼ばれていましたが、巨額の軍事支出と大型減税によって財政赤字の規模は膨れ上がり、また、外国との対外取引においても、ドル高によって輸入が拡大し、輸出量と輸入量の差額である貿易収支の赤字額は大規模なものとなっていました。

この維持不可能な赤字規模を解消するために、アメリカ政府はジェイムズ・ベーカー財務長官の下で、ドル切り下げ政策を実施しようとしました。アメリカからすると、対日貿易赤字が特に顕著だったため、実質的には円高ドル安を意図した政策だったといえます。

ドル切り下げを中身とする為替レートの安定化は、1985年9月22日のG5（先進5カ国蔵相・中央銀行総裁会議）で決定しました。アメリカ・日本・イギリス・（旧）西ドイツ・フランスの先進5カ国で決定した、このドル安推進協定を**プラザ合意**（Plaza Accord）といいます。G5の開催された場所がアメリカ・ニューヨーク市にあるプラザホテルだったことが、その呼称の由来になります　歴史的な会議にも関わらず、わずか数十分間で終わったといわれていますが、これは事前に、その合意内容が決まっていたからといわれています。

1-10 固定為替相場制から変動為替相場制へ

　先進5カ国の中央銀行は合意に従い、変動為替相場に介入し、目標水準まで為替レートを誘導しました。その結果、**プラザ合意がなされた1985年9月に240円あったドル円レートは、2年経過した後の1987年末には120円水準**と、半値まで下がることになりました。ブレトンウッズ協定（ブレトンウッズ体制）での固定相場制の下、1ドル360円で固定されていた円は、変動相場制を経て、さらにプラザ合意を結んだことで、その**通貨価値は3倍**になったわけです。

　プラザ合意以降の急激な円高によって、日本の輸出企業は生産拠点を海外に移動する流れが続きましたが、今度は急激なドル安に歯止めを掛けるべく、先進各国は1987年2月、パリのルーブル宮殿でG7（先進7カ国蔵相・中央銀行総裁会議）を開き、為替相場の安定化を目指し、緊密に協力する合意を結んでいます（**ルーブル合意** / Louvre Accord）。しかし前述のように、同年末（1987年末）には円は120円水準まで上昇しました。これは日米欧の政策が足並みを揃えられなかったことが原因で、結果としてルーブル協定の後も、ドル安が進んだことになります。

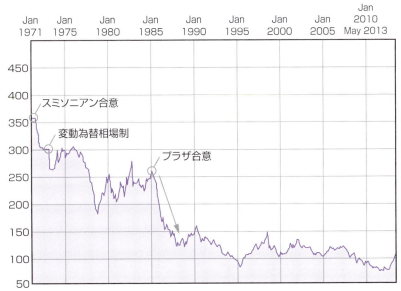

固定相場制から変動相場制への移行とドル/円レートの変動

通貨インフラ信用の歴史

　ブレトンウッズ、IMF体制、ニクソンショックにプラザ合意。

　これらは為替の勉強じゃなくて歴史の勉強なんじゃないですか？　という人もいるかもしれません。そうです、これらは「為替の歴史」であり現在のマーケットを「すいすい」と読み解く上での絶対的な基盤であり基礎なのです。「目新しい言葉」ばかりを追いかけるあまり、基本というのはいつの時代でも忘れられがちです。

　主要通貨が変動相場制に移行したのは1973年でしたが、ブレトンウッズ体制が崩壊したとはいってもドル基軸体制が崩壊したわけではありません。1つの通貨が中心となって世界の通貨インフラは形成されています。各国首脳のサミットで基軸通貨が決まるわけではなく、米国の大統領が決めるわけでもありません。市場が決めているだけのことであり、信用力が決めているのです。

　昨今、仮想通貨のブームが起こりました。これらの取引が一過性のブームで終わるのか否か、それは制度設計の技術力に掛かっているわけではありません。「お金の世界」が「倫理」「信用」で成り立っているのは日常生活において誰もが感じるところです。

　仮想通貨取引のマーケティングには必ずといっていいほどブロックチェーンなどの革新的な技術ばかりが謳われていますが、これらは技術的な信用担保の話であって、取引する主体の信用力や倫理観念があるのかといえばそうとはいい切れないのが現状です。

　いくら技術が凄くても、スタート地点で自分たちの利益だけを考える人たちがそこに群がれば、規制が掛かります。技術力を台無しにしているのは通貨インフラの基となる倫理観に欠けた人たち自身で、発行主体や操作媒体が「自分たちが儲かりたい」とばかりに有名人を使って通貨取引を宣伝するのは無節制であり根本的に誤っていると批判されても仕方ありません。

　現在の通貨制度もブレトンウッズ崩壊後は法定不換紙幣であるドルが基軸通貨として成り立っており、金（ゴールド）のような物的な裏付けがあるわけではありません。中央銀行が発行元になっている、といった抽象的な表現で成り立っているだけであり、厳密にいえば漠然たる事象を信用しているだけなのです。「物的裏付けがない」という意味では仮想通貨と同じ、ということなのですが、端から規制の連鎖が生じると、その信用は回復不可能なところまで失墜し、制度自体が終わってしまいます。

　現在の通貨インフラは強い倫理観の下で成り立っており、確固たる信用の歴史があるわけです。

　私たちは「クレジット」（信用）の意を再考する必要があります。

外国為替市場における各国の位置付け
― 年々変化する為替を取り巻く環境 ―

　日本には「円」、アメリカには「米ドル」、イギリスには「ポンド」と各国によって単独通貨が存在するのと同時に、「ユーロ」のように複数の国家が共通して導入している統合通貨も存在します。

　そしてそれらの通貨の、外国為替市場における取引規模は年々変化しています。それは、インターネットを通じて、誰でも気軽に為替取引できるようになったこと、また、ユーロのように統合通貨を導入する国家が欧州で年々増加していることなどが挙げられます。

　そういう意味では、為替取引を取り巻く環境は、年々変化してきています。第2章では、そのような「為替環境の変化」を考えていきたいと思います。

2-1 外国為替市場における通貨ペアの取引シェア

世界には様々な通貨がありますが、各通貨における世界市場の**通貨取引シェア**や**通貨ペア**の取引額などは、3年に1度、BIS＊（国際決済銀行）が公表しており、直近の公表データの中では2019年4月時点のものが最新となっています。

▶▶ 通貨ペアの表記

通貨ペアは通常、スラッシュ（／）で2つの通貨を分けて表記します。

ドルと円であればドル／円、英語表記では「**USD/JPY**」となります。通貨の英語表記はアルファベット3文字となっていますが、これはISO（国際標準化機構）の通貨コードの取り決めに従ったものです。例えば、「USD」であれば、始めの2文字が国名を表しており（USA）、3文字目がその国の通貨の頭文字（DOLLAR）を表しています。日本の通貨はJPYで表記されますが、日本の円（JAPAN YEN）、といった具合です。スラッシュ（／）から左側の通貨が基準通貨で、右側の通貨を決済通貨といいますが、これは右側の通貨を売って、左側の通貨を買うことを意味しています。

▶▶ 米ドル・ユーロ・円の取引規模

BISの公表データによれば、外国為替市場における通貨ペア取引額と、そのシェアは右図のようになっています。これは、2016年（4月）時点のものですが、1日平均取引額を示しており、その中でも最大規模を誇るのは、米ドルとユーロの通貨ペア（**EUR/USD**）になっています（23.05％）。

それに続くのが米ドルと円（USD/JPY）の取引額で、その水準は「17.72％」。ここで注目なのは、2013年から2016年に掛けて、米ドルとユーロ（EUR/USD）の取引シェアと共に、米ドルと円（USD/JPY）も低下していることです（右図）。これは2013年4月に日銀が大型金融緩和の実行が事前に注目されたこともあり、円の取引高が急増したことが関係しています。

そのUSD/JPYの取引規模に続くのは、GBP/USD（英ポンド・米ドル）で「9.24％」、そしてAUD/USD（豪ドル・米ドル）が「5.24％」で続いています。

＊ **BIS** Bank for International Settlementsの略。

2-1 外国為替市場における通貨ペアの取引シェア

ここでわかるのは、上記に挙げた大きなシェアを占める通貨ペアには、米ドルが絡んでいるということです。米ドルが絡んだ通貨ペアをドルストレートといいますが、外国為替市場ではこのように、**基軸通貨の米ドルを中心に取引が行われている**ということになります。

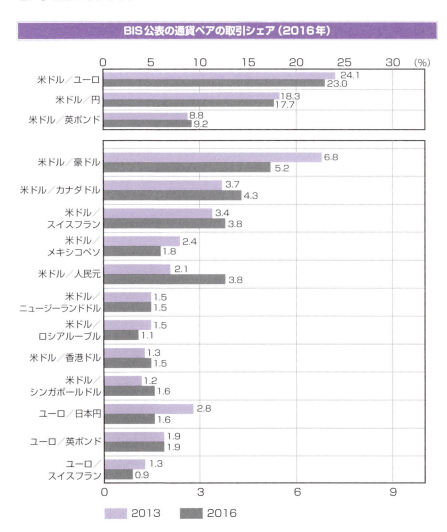

BIS公表の通貨ペアの取引シェア（2016年）

通貨ペア	2013	2016
米ドル／ユーロ	24.1	23.0
米ドル／円	18.3	17.7
米ドル／英ポンド	8.8	9.2
米ドル／豪ドル	6.8	5.2
米ドル／カナダドル	3.7	4.3
米ドル／スイスフラン	3.4	3.8
米ドル／メキシコペソ	2.4	1.8
米ドル／人民元	2.1	3.8
米ドル／ニュージーランドドル	1.5	1.5
米ドル／ロシアルーブル	1.5	1.1
米ドル／香港ドル	1.3	1.5
米ドル／シンガポールドル	1.2	1.6
ユーロ／日本円	2.8	1.6
ユーロ／英ポンド	1.9	1.9
ユーロ／スイスフラン	1.3	0.9

2-2 外国為替市場における通貨取引シェア

「2-1節」は、通貨ペア別の取引データでしたが、BIS（国際決済銀行）では、単一通貨における取引シェアのデータも公表しています。

▶▶ 米ドルだけで87.6%のシェア

BISの2016年調査では**1日当たりの為替取引額は5.1兆ドル**（2016年4月時点）になっていますが、その取引額の**87.6%を占めるのが米ドル**です（右図）。

ただし、BIS公表のデータは合計で200%表記となっています。これは、米ドル/円といった通貨ペアの取引シェアを、単一通貨換算での取引シェアに換算したデータですので、米ドルの取引が行われたのと同時に、円の取引も行われたことを考えれば、合計値は100%ではなく200%になるということです。

しかし、合計値は200%であったとしても、単一通貨として考えた場合には、米ドルがどれだけ絡んでいるか、ということですから合計値はやはり100%で考えることになります。よって、米ドルの87.6%というのは、200%が分母というわけではなく、あくまで100%の中に占める割合になります。

▶▶ 通貨取引シェアの推移

通貨取引シェアの推移を見れば、米ドルが依然トップ（87.6%）で、ユーロが31.3%で続いています。米ドルは2001年に89.9%と、**取引全体の9割**を占めていましたが、その後低下傾向となりました。しかしここ数年間でシェアが再び拡大しています。これらからわかるのは、**米ドルが、外国為替市場における基軸通貨であることに変わりがない**ということです。

ユーロは通貨流通以来、2位の座を依然として確保していますが、欧州危機（2-7節）などもあり、取引シェアは下落（33.4%→31.3%）、英ポンドは逆にブレグジットが懸念（2016年6月　国民投票で決定）されていたことも関係し、シェア拡大となっており、国際化が進む中国人民元のシェア拡大は目覚ましいものがあります。

2-2 外国為替市場における通貨取引シェア

　日本の円は、21.6％と縮小していますが、これは、「2-1節」で述べたように、2013年当時、日銀の金融緩和政策が注目されたためです。

　その他では、豪ドル取引がシェアを縮小しており、逆に、スイスフランは年々シェアを落としてることが目に付きます。

　1日の取引平均規模が5兆ドルを超える中（2016年4月時点／BIS公表）、メキシコペソがNZドルなどの新興国通貨のシェアは停滞していますが、米国の金利引き上げ観測から米ドルの取引が増えたことと相対的な結果になっていることは象徴的です。

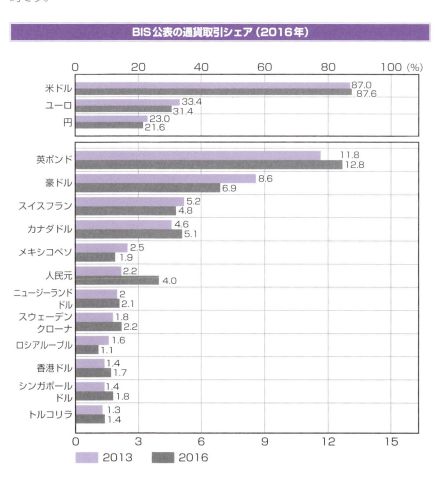

BIS公表の通貨取引シェア（2016年）

2-3 国別での外国為替取引シェア

　BIS（国際決済銀行）公開の、通貨ペア別、そして単一通貨による取引高データを掲載してきましたが、BISは外国為替の国別取引額も公表しています。どこの国の市場でどれほどの規模の為替取引が行われているか、というのがわかる統計です。

▶▶ イギリス市場が世界市場の4割を占める

　通貨自体の取引額では基軸通貨である米ドルの取引量が圧倒的でしたが、その為替取引が行われている国別では、イギリスが最も大きく、**世界市場の36.9%**を占めています。**中心はロンドン市場**で、2位のアメリカ市場（19.5%）の2倍弱という結果になっています。

　アジアでは、シンガポールが2013年に日本を抜き、アジア最大の外国為替取引センターなりましたが、シンガポールの市場シェアは一層拡大し、「7.9%」で、日本のシェア「6.1%」をさらに引き離しているのがわかります。

　順番としては、**イギリス・アメリカ・シンガポール・日本**、となります。

　しかし、その取引規模を改めて確認すれば、いかにロンドン市場での取引が大きく、世界の為替取引を大きくリードしていることがわかります。

　ロンドン市場はアメリカ市場の2倍弱、といいましたが、3位のシンガポール市場と比較した場合では約4.7倍と、市場規模の違いは依然として大きいです。1位のイギリス市場、2位のアメリカとともに、いかに為替取引が一部の国に集中しているか、という事実が浮き彫りになっています。

▶▶ ボラティリティの大きい欧米市場

　そのようなイギリス・アメリカ市場（ロンドン市場やアメリカのニューヨーク市場）の特徴は、日本の東京市場などと比較し、「運用益」を狙ういわゆる「短期売買の投機筋」の割合が多いため、ヨーロッパの経済指標やアメリカの経済指標が発表されるたびに、大きな値動きを見せることがあります。値動きの変動幅をボラティリティといいますが、日本やシンガポール市場と比較し、その市場規模同様、**ボラティリティが大きいのは、欧米市場の特徴**だといえるでしょう。

2-3 国別での外国為替取引シェア

BIS公表の国別取引シェア（2016年）

国	2001 総額	2001 %	2004 総額	2004 %	2007 総額	2007 %	2010 総額	2010 %	2013 総額	2013 %	2016 総額	2016 %
アルゼンチン	—	—	1	0.0	1	0.0	2	0.0	1	0.0	1	0
オーストラリア	54	3.2	107	4.1	176	4.1	192	3.8	182	2.7	121	1.9
オーストリア	8	0.5	15	0.6	19	0.4	20	0.4	17	0.3	19	0.3
バーレーン	3	0.2	3	0.1	3	0.1	5	0.1	9	0.1	6	0.1
ベルギー	10	0.6	21	0.8	50	1.2	33	0.6	22	0.3	23	0.4
ブラジル	6	0.3	4	0.1	6	0.1	14	0.3	17	0.3	20	0.3
ブルガリア	—	—	—	—	1	0.0	1	0.0	2	0.0	2	0
カナダ	44	2.6	59	2.3	64	1.5	62	1.2	65	1.0	86	1.3
チリ	2	0.1	2	0.1	4	0.1	6	0.1	12	0.2	7	0.1
中国	—	—	1	0.0	9	0.2	20	0.4	44	0.7	73	1.1
台湾	5	0.3	9	0.4	16	0.4	18	0.4	26	0.4	27	0.4
コロンビア	0	0.0	1	0.0	2	0.0	3	0.1	3	0.1	4	0.1
チェコ	2	0.1	2	0.1	5	0.1	5	0.1	5	0.1	4	0.1
デンマーク	24	1.4	42	1.6	88	2.1	120	2.4	103	1.5	101	1.5
エストニア	—	—	0	0.0	1	0.0	1	0.0	0	0.0	—	—
フィンランド	2	0.1	2	0.1	8	0.2	31	0.6	15	0.2	14	0.2
フランス	50	2.9	67	2.6	127	3.0	152	3.0	190	2.8	181	2.8
ドイツ	91	5.4	120	4.6	101	2.4	109	2.2	111	1.7	116	1.8
ギリシャ	5	0.3	4	0.2	5	0.1	5	0.1	3	0.0	1	0
香港	68	4.0	106	4.1	181	4.2	238	4.7	275	4.1	437	6.7
ハンガリー	1	0.0	3	0.1	7	0.2	4	0.1	4	0.1	3	0.1
インド	3	0.2	7	0.3	38	0.9	27	0.5	31	0.5	34	0.5
インドネシア	4	0.2	2	0.1	3	0.1	3	0.1	5	0.1	5	0.1
アイルランド	9	0.5	7	0.3	11	0.3	15	0.3	11	0.2	2	0
イスラエル	1	0.1	5	0.2	8	0.2	10	0.2	8	0.1	8	0.1
イタリア	18	1.0	23	0.9	38	0.9	29	0.6	24	0.4	18	0.3
日本	153	9.0	207	8.0	250	5.8	312	6.2	374	5.6	399	6.1
韓国	10	0.6	21	0.8	35	0.8	44	0.9	48	0.7	48	0.7
ラトビア	—	—	2	0.1	3	0.1	2	0.0	2	0.0	1	0
リトアニア	—	—	1	0.0	1	0.0	1	0.0	1	0.0	0	0
ルクセンブルク	13	0.8	15	0.6	44	1.0	33	0.7	51	0.8	37	0.6
マレーシア	1	0.1	2	0.1	3	0.1	7	0.1	11	0.2	8	0.1
メキシコ	9	0.5	15	0.6	15	0.4	17	0.3	32	0.5	20	0.3
オランダ	31	1.8	52	2.0	25	0.6	18	0.4	112	1.7	85	1.3
ニュージーランド	4	0.2	7	0.3	13	0.3	9	0.2	12	0.2	10	0.2
ノルウェー	13	0.8	14	0.6	32	0.7	22	0.4	21	0.3	40	0.6
ペルー	0	0.0	0	0.0	1	0.0	1	0.0	2	0.0	1	0
フィリピン	1	0.1	1	0.0	2	0.1	5	0.1	4	0.1	3	0
ポーランド	5	0.3	7	0.3	9	0.2	8	0.2	8	0.1	9	0.1
ポルトガル	2	0.1	2	0.1	4	0.1	4	0.1	4	0.1	2	0
ルーマニア	—	—	—	—	3	0.1	3	0.1	3	0.1	3	0
ロシア	10	0.6	30	1.1	50	1.2	42	0.8	61	0.9	45	0.7
サウジアラビア	2	0.1	2	0.1	4	0.1	5	0.1	5	0.1	8	0.1
シンガポール	104	6.1	134	5.1	242	5.6	266	5.3	383	5.7	517	7.9
スロバキア	1	0.0	2	0.1	3	0.1	0	0.0	1	0.0	2	0
スロベニア	0	0.0	0	0.0	0	0.0	—	—	—	—	—	—
南アフリカ	10	0.6	10	0.4	14	0.3	14	0.3	21	0.3	21	0.3
スペイン	8	0.5	14	0.5	17	0.4	29	0.6	43	0.6	33	0.5
スウェーデン	25	1.5	32	1.2	44	1.0	45	0.9	44	0.7	42	0.6
スイス	76	4.5	85	3.3	254	5.9	249	4.9	216	3.2	156	2.4
タイ	2	0.1	3	0.1	6	0.1	7	0.1	13	0.2	11	0.2
トルコ	1	0.1	3	0.1	4	0.1	17	0.3	27	0.4	22	0.3
イギリス	542	31.8	835	32.0	1,483	34.6	1,854	36.8	2,726	40.9	2406	36.9
アメリカ	273	16.0	499	19.1	745	17.4	904	17.9	1,263	18.9	1272	19.5
計	1,705	100.0	2,608	100.0	4,281	100.0	5,043	100.0	6,671	100.0	6514	100.0

第2章　外国為替市場における各国の位置付け

2-4 ドルストレートとクロスレート

「2-1節」で外国為替市場における通貨ペア取引高を説明しましたが、その中で、「米ドルが絡んだ通貨ペア」のことをドルストレート、という風に説明しました。

ドル/ユーロ (USD/EUR)、ドル/円 (USD/JPY)、ドル/英ポンド (USD/GBP) といった通貨ペアの交換レートのことです。他方、米ドルが絡まない通貨ペアの交換レートをクロスレートと言います。ユーロ/円 (EUR/JPY)、ポンド／円 (GBP/JPY) など、米ドルが絡んでいない通貨ペアのレートのことです。

▶▶ クロス円、クロスユーロ

クロスレートの中でも、ユーロ/円 (EUR/JPY) ポンド/円 (GBP/JPY) など、米ドルが絡んでいない、対円での通貨ペアのことを**クロス円**といいます。

また、クロス円同様、米ドルが絡んでいない、例えばユーロ/ポンド (EUR/GBP) やユーロ/豪ドル (EUR/AUD) なども**クロスユーロ**とよばれています。

▶▶ クロスレートの求め方―掛け算通貨と割り算通貨

為替取引では、上記のような米ドルが絡まない様々なクロスレートが表示されていますが、それは最初からそのレートが存在しているわけではなく、**2つの通貨における対ドルレートから算出**することになります。

例えば、ポンド/円 (GBP/JPY) を求めるときには、ポンドの対ドルレートと、円の対ドルレートから算出します。このとき、1ポンド=1.5ドルで、1ドル=100円だったとしますと、ポンド/円は1.5×100=150円、となります。

2つの通貨の対ドルレートがベースになるということですが、このことからも米ドルが世界の基軸通貨として機能していることの表れだといえます。上記の例(ポンド/円)では、2つの通貨ペアを掛けることで算出しましたが、クロスレートの計算方法には、このように掛けるもの(**掛け算通貨**)と、その他、割るもの(**割り算通貨**)に分けられます。

2-4 ドルストレートとクロスレート

割り算通貨の例として、スイスフラン/円（CHF/JPY）を見てみましょう。

スイスフランの対ドルレート（USD/CHF）が0.98（1ドル＝0.9800スイスフラン）で、円の対ドルレート（USD/JPY）が95（1ドル＝95円）だとします。

この場合、スイスフラン/円＝95÷0.98＝96円94銭となります。

米ドルが絡まないクロスレートの中でも、取引規模の大きなユーロポンド（EUR/GBP）やユーロ円（EUR/JPY）など、マーケットが存在しているものもあります。しかし通常、クロスレートを求める際には、それぞれの通貨の対ドルレートから算出するということです。

クロスレートにおける掛け算通貨と割り算通貨

- 掛算のクロスレート

  ユーロ／円　　＝　ユーロ／米ドル
  ポンド／円　　＝　ポンド／米ドル　　× 米ドル／円
  豪ドル／円　　＝　豪ドル／米ドル
  NZドル／円　＝　NZドル／米ドル

- 割算のクロスレート（円建て）

  スイスフラン／円　＝　米ドル／円　÷　米ドル／スイスフラン
  カナダドル／円　　＝　米ドル／円　÷　米ドル／カナダドル

- 割算のクロスレート（外貨建て）

  ユーロ／ポンド　＝　ユーロ／米ドル ÷ ポンド／米ドル
  ユーロ／豪ドル　＝　ユーロ／米ドル ÷ 豪ドル／米ドル

2-5 メジャーカレンシー、マイナーカレンシーとリクイディティ

外国為替市場における通貨取引高を説明しましたが、**メジャーカレンシー**（Major Currency）というのは、読んで字のごとくメジャーな通貨、つまり外国為替市場における主要通貨です。メジャーカレンシー以外の通貨を**マイナーカレンシー**（Minor Currency）といいます。つまり主要でない通貨のことです。

▶▶ メジャーカレンシーとマイナーカレンシー

BIS公表の通貨取引高（2-2／200％表記）を確認すれば、外国為替市場における通貨シェアは上から、米ドル（87.6％）、ユーロ（31.3％）、日本円（21.6％）、英ポンド（12.8％）、豪ドル（6.9％）、カナダドル（5.1％）、スイスフラン（4.8％）、そして人民元（4.0％）となっていることがわかります。

これは単純に、市場参加者から豊富に取引されている通貨の順位です。これら取引量のことを**リクイディティ**（流動性 Liquidity）といいますが、メジャーカレンシーとマイナーカレンシーを分けるのは、このリクイディティになります。リクイディティの有無は、単純に、その通貨の国際的信用を表しているといっても過言ではありません。

米ドル・ユーロ・日本円・英ポンド・スイスフランはそういう意味でメジャーカレンシーと言われてきましたが、過去数年で豪ドルの取引量が急増しており、そのメジャーカレンシーであるスイスフランを、2010年から上回っています。それら通貨に続くのは中国人民元です。そういう意味において、豪ドルやカナダドル、そして人民元などは**準メジャーカレンシー**と呼ばれることもあります。

為替取引が、年々活発化していることを考えれば、各通貨におけるリクイディティ（取引量、流動性）も年々変化します。そういう意味では今後、準メジャーカレンシーといわれる通貨の取引量は徐々に増えていくことが予想されます。実際に、「2-2節／通貨取引シェア」にあるように、新興国はシェアを伸ばし、メキシコペソはすでにトップ10入りを果たしています。逆にリクイディティが細ってくれば、マイナーカレンシー扱いされる通貨も出てくることもあり、そういう意味では米大リー

2-5 メジャーカレンシー、マイナーカレンシーとリクイディティ

グでメジャーとマイナー間を昇格したり降格したりする野球選手みたいなものかもしれません。

リクイディティ

メジャーカレンシー
取引量が特に多い
米ドル、ユーロ、日本円

準メジャーカレンシー
取引量が多い
英ポンド、カナダドル、スイスフラン、オーストラリアドル、中国人民元など

マイナーカレンシー
取引量は多くない
それ以外の通貨

※上記の区分は厳密に定義されているわけではありません。

▶▶ リクイディティ

　リクイディティが少ないことを端的に考えれば、それだけ取引する機会が少なくなることを意味します。市場参加者が少なくなれば、売買の需給の面で開きが生じてくるので、ビッド（Bid）とオファー（Offer）のスプレッド（Spread）は拡大しがちになります。そういう意味において、多様な通貨ペアが用意されているFX（外国為替証拠金取引）では、**リクイディティのある通貨ペアとそうでない通貨ペアによって、売買環境が違う**ということになるので取引するに当たって留意する必要があります。

2-6 共通通貨 ユーロ

前項「2-5節」では、メジャーカレンシーとマイナーカレンシーの区分けに言及しましたが、準メジャーカレンシーの区分けが曖昧であることを考えれば、それだけ米ドル・ユーロ・日本円の通貨は3大通貨と呼べます。

▶▶ 外国為替市場におけるユーロの位置付け

BIS公表の通貨取引高（2−2節）を見ても明らかなように、ユーロは基軸通貨である米ドルに次いで、世界第2の流動性を誇るメジャーカレンシーであり、通貨誕生当初は、「米ドルに変わる基軸通貨」として大きな注目を集めました。このユーロ含む、米ドル・日本円の外国為替市場への影響力を考えれば、一般的にいわれる**「ドル高・ドル安、ユーロ高・ユーロ安、円高・円安」というのは、この3つの通貨の力関係を表した用語**だといっても過言ではありません。

▶▶ 統一通貨・ユーロの誕生

ユーロは、**EU（European Union／欧州連合）27ヵ国のうち19カ国が導入している統一通貨**のことで、そのユーロを導入している国家の総称は**ユーロ圏（EuroZone／Euro Area）**、と呼ばれています。1999年（1月1日）に銀行間取引上で導入され、実際の一般流通が始まったのは、2002年1月からです。

ユーロ発足の合意が初めてなされたのは、1991年12月にオランダのマーストリヒトで開催されたEC首脳会議の中においてです。

このとき、欧州連合（EU）の創設や欧州中央銀行の設立、通貨同盟の設定などが合意されたのですが、実際に1993年に発効したこの規定を、開催された**その地名にちなんで、マーストリヒト条約**といいます。このマーストリヒト条約の正式名称はヨーロッパ連合条約（Treaty on European Union）ですが、通称の方（マーストリヒト条約）が有名となってしまっています。

▶▶ ユーロとドイツ連邦銀行

　マーストリヒト条約は、**ドイツ連銀**（ドイツ連邦銀行、通称ブンデスバンク/Deutsche Bundesbank）の意向が最大限尊重される内容でした。というのも、ユーロという通貨に統合がされる以前、欧州で最もメジャーカレンシーだったのはドイツのマルクで、その通貨政策を担うのがドイツ連銀だったからです。ドイツは第一次世界大戦後、ハイパーインフレに見舞われた経緯があるために、**ドイツ連銀は通貨安定に対して、最大限配慮した通貨政策を実施**していました。

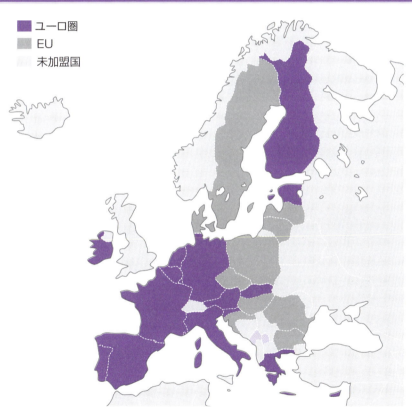

（EU27カ国とユーロ圏19カ国／2019年）

2-6 共通通貨　ユーロ

　そのような経緯もあり、ユーロ圏参加にあたって、厳しい条件を設定したのもドイツ連銀になります。通貨安定の背景には、強い経済力が存在すると考えていたドイツ連銀のコンセンサス（合意）は、統一通貨ユーロを誕生させるにあたって、様々な影響を与えました。

　ユーロ圏への参加基準として有名なものは、「**単年度の財政赤字がGDPの3%以内**」というものがあります。その他には、累積赤字の制限や長期金利基準なども設定されています。さらにはユーロの通貨政策を担当する**欧州中央銀行（European Central Bank / 通称ECB）**において、設立当時の政策の柱は、マネーサプライ（現マネーストック、「6-1節」参照）を主眼とするものでした（マネーストックM3が前年比でプラス4.5%を目安）。

　多くの中央銀行が金融政策を実行するにあたり、政策基準の第1の柱をインフレ率（「3-5節」参照）とする中、欧州中央銀行は「世の中に出回るお金の量」を政策基準としたのです。それは、物価上昇のみならず、**通貨価値の絶対的安定を意図**したドイツ連銀のスタンスを明確に示したものでした。

▶▶ ユーロ圏の金融政策を担うユーロシステム（ECB）

　欧州連合（EU）27カ国全体の金融政策を担うのは、**欧州中央銀行制度（European System of Central Banks / 以下ESCB）**になります。

　ESCBには、EU27カ国の各国中央銀行（NCB / National Central Bank）が参加しており、役員会（Executive Board）・政策理事会（Governing Council）・一般理事会（General Council）という3つの意思決定機関から構成されています。

　しかしEU27カ国中、ユーロを導入している国というのは19カ国であり、3つの意思決定機関もそのような事情に合わせて存在しています。

　どういうことかというと、ユーロ非導入国の中央銀行総裁は、一般理事会には参加できますが、**ユーロの金融政策を決定する役員会・政策理事会には参加できません。**

　ユーロ導入国から構成される役員会と政策理事会が、金融政策を実行しますが、この2つの意思決定機関によってECB（欧州中央銀行）が成立していることになります。そしてこの**構成自体をユーロシステム（Eurosystem）**といいます。

なお、EUに加盟していない少数の国でもユーロを使用している国が存在しますが、これらの国々はユーロ圏には入りません。結果、それらの国々の中央銀行総裁は、このユーロシステムに代表者を派遣できなくなっています。

少々複雑なシステムに感じるかもしれませんが、ユーロの通貨政策を実行している**ECBは、役員会と政策理事会から構成されている**、という位置付けになります。

（欧州中央銀行制度とユーロシステムの関係）

2-7 ユーロの抱えるジレンマ

統一通貨を導入したユーロ圏は、過去数年において様々な問題を抱えてきました。最大の原因は、金融政策を統一したにも関わらず、財政主権はユーロ圏各国に残したままだからです。

▶▶ 第二の基軸通貨として注目を集めたユーロの綻び

2002年（1月1日）に、実際にユーロが一般流通したときの（ユーロ）相場は、1ユーロ＝0.85－0.90ドル、円との関係では、1ユーロ＝115－119円の水準でした。

ユーロ相場は、ユーロが実際に流通し始めたのち、数年間は「**第二の基軸通貨**」との期待が反映されたような値動きをしていました。

複数の国家が参加した通貨同盟（ユーロ圏）は、**米国に次ぐ経済規模を誇り、その経済力を背景に、期待が為替相場に反映**されていたことになります。

為替レートの水準でいえば、2008年7月にユーロドルは1.6水準、ユーロ円は169円の水準まで付けています。しかし米国の住宅バブル崩壊（2007年）とともに、サブプライムローン問題の影響を受けた欧州では、ECB（欧州中央銀行）が、2007年8月に、大規模な資金供給を実施しました。その背景には、フランス大手銀のBNPパリバが、米国のサブプライムローンを担保とした証券含む金融商品で運用していた傘下ファンドの一時凍結を発表したことがありました。その結果、金融不安が発生したのです（パリバショック）。

その2007年から急落を始めたユーロ相場ですが、その前年から綻びは見え隠れしていましたことになります。

▶▶ 欧州債務危機からのユーロ危機

米国のサブプライム危機、欧州のパリバショックと、ユーロ相場に負の連鎖が連なった頃（07－08年）から、それまで米ドルに変わる基軸通貨として期待されていたユーロ相場は脆弱性を帯びるようになりました。それを決定的なものにしたのは、2010年に顕在化した**ギリシャ発の欧州債務危機**になります。

2-7 ユーロの抱えるジレンマ

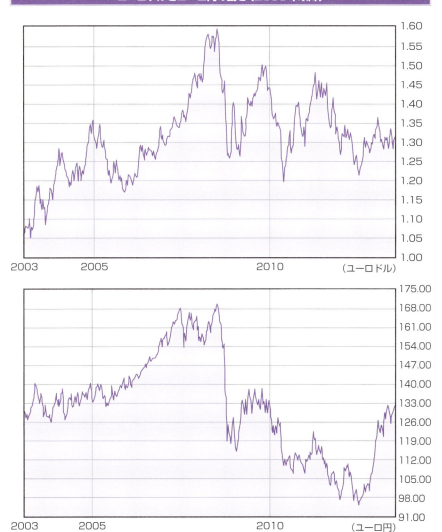

ユーロドルとユーロ円の動き（2003年以降）

　2009年10月にギリシャで政権交代が行われた際、ギリシャの新政権はギリシャの財政赤字が発表されているものよりも遥かに大きな規模であることを明らかにしました。これによって、ギリシャ債務危機は欧州債務危機へと繋がり、ユーロ相場を脆弱なものにしてしまいました。

2-7 ユーロの抱えるジレンマ

　前述のように、ユーロ圏参加条件の1つとして、単年度財政赤字（対GDP比）は、ドイツ連銀主導の下、「3%」に設定されていましたが、実際にこの規定を遵守している国は、ユーロ圏には存在していませんでした。実質上は「目標値」となっていたのです。そしてギリシャは、2009年の財政赤字をその3%に近い「3.7%」と公表していたのですが、実際には「12.5%」であったことを新政権が公表したのです（その後、修正が繰り返され、13.6%まで修正）。

　その後、これをきっかけに、ユーロ圏の中では、財政に問題を抱えている国々が大きく取り上げられるようになりました。代表的なところでは、「**PIIGS**」とよばれる**ポルトガル・イタリア・アイルランド・ギリシャ・スペイン等の国々**です。PIIGSとはそれら国々の頭文字を取った債務問題を抱えた国々の総称ですが、欧州債務危機はPIIGS危機とも呼ばれました。

対GDP比単年度財政赤字（OECD調）

	(%)	2007	2008	2009	2010	2011
主要先進国	日本	−2.4	−4.2	−10.3	−9.8	−9.1
	米国	−2.7	−6.6	−12.5	−11.0	−8.2
	英国	−2.8	−5.9	−11.5	−13.3	−12.5
	ドイツ	0.2	0.0	−3.3	−5.3	−4.6
	フランス	−2.7	−3.3	−7.5	−8.6	−8.0
PIIGS	ポルトガル	−2.6	−2.8	−9.4	−7.6	−7.8
	アイルランド	0.1	−7.3	−14.3	−12.2	−11.6
	イタリア	−1.5	−2.7	−5.3	−5.4	−5.1
	ギリシャ	−5.1	−7.7	−13.6	−9.8	−10.0
	スペイン	1.9	−4.1	−11.2	−8.5	−7.7

（対GDP比単年度財政赤字／OECD調）

　このように、財政状態が極端に悪いギリシャのような国が出現したときに問題となるのが、金融政策のみ統一し、財政主権（財政政策）を各国に区分けしているユーロ圏の、その構造になります。

▶▶ 債務危機とユーロ相場の下落

通常、財政状態が悪い国では、その国の中央銀行が金融政策を実施して景気を刺激しますが、**ユーロ圏では金融政策を決定する機関が1つしかないため**（欧州中央銀行／ECB）、ギリシャのように、1つの国で財政が深刻化したときに、独自の金融政策でサポートできなくなってしまいます。特にドイツとユーロ圏他国の立場の違いは、このときを境に深刻化しました。

前述のように、ドイツは歴史的にインフレ抑制に力を入れていることや、財政状態がユーロ圏で一番安定しているため、欧州中央銀行であるECBの金融緩和政策には反対の立場を取る傾向にあります。しかしその反面、ギリシャなどの財政状態が悪い国では、金融政策で対処しないことには、財政赤字に頼った経済政策で対処することになり、そうすれば、ますます財政状態が悪化してしまいます。

そして、このようなときに生じるのは「**国債の売り浴びせ**」です。一国の政府は、その国の財政状態を信用力に、国債発行を通じてお金を借りているので、「お金が返ってこないのではないか」という疑念を国債保有者に抱かせることになれば、国債保有者は早めの売却を考えるようになります。ギリシャに投資していた海外投資家、およびギリシャ国債を保有していたユーロ圏他国からも海外投資家が逃げ出し、これら一連の出来事をきっかけに、ユーロ相場も弱含みの展開が長らく続きました。

結局、2010年より長らく続いた欧州債務危機も、欧州財政ファンドやIMFからの救済、ECBによる大型緩和政策の実行などで、何とか乗り切ることに成功しました。**ユーロ相場は欧州危機が囁かれる度に下落**してきましたが、今後も、PIIGSのような財政の弱い国が出現してくれば、ユーロ相場の下落は繰り返されるかもしれません。

2-7　ユーロの抱えるジレンマ

　欧州連邦ではなく欧州連合という形を採っている間は、財政主権が1つにまとまることはありません。統一通貨ユーロも本当の統一通貨として機能するか否か、疑念は残されたままだといえます。3大メジャー通貨といえども、ユーロ圏の運営体制が現在のままなのであれば、完全な通貨不安の解決は難しい、といえるかもしれません。ギリシャ発の欧州危機のように、財政不安が顕在化した国が一国でも表れると、ユーロ圏全体がギクシャクするからです。統合通貨・ユーロは、その運営体制と共に、今後も真価が問われる場面が訪れる可能性が残ります。

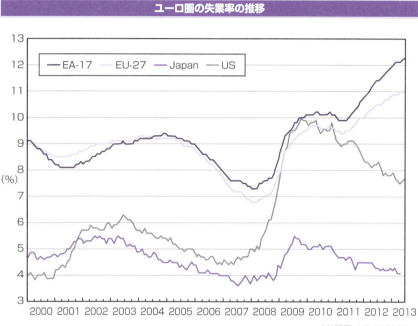

ユーロ圏の失業率の推移

（参照図 / EU統計局）
（ユーロ圏失業率はEA-17 / EU統計局5月統計）

内外金利差と為替レート
―金利を誘導する中央銀行のオペレーション―

　この第3章では、金利の高い通貨が買われるということを前提に、その通貨金利がなぜ、そしてどのように変動していくのか、その仕組みを解説しています。

　中央銀行が政策金利を決定（誘導）するわけですが、その国の通貨は、その政策金利に密接に連動していることから、この章では、中央銀行の政策や仕組みについて解説しています。

　少々、面倒臭いと感じる人もいるとは思いますが、近年、為替レートの変動要因として、これら中央銀行の政策が細かく論じられるようになりました。一見、「為替」とは無関係に思える、これら中央銀行政策（金融政策）の仕組みですが、そのような意味において、重要な知識だといえるかも知れません。

3-1 内外金利差と連動する外国為替レート

よくTVの報道、またはマーケット番組などで「日米金利差の観点から、円が売られた、(または円が買われた)」などといった形容句が語られることがあります。

株式投資やFXをやっている人などは、よく目にする内容のものだと思いますが、この「**日米金利差（内外金利差）**」というのは具体的に何を表しているのでしょうか？

▶▶ 内外金利差とは何か？

日米金利差、または内外金利差という言葉は同じことを意味していますが、日本国内の金利と海外の金利の「差」（金利差）を表しています。**資金は金利が低い方から高い方へ動きますので、為替変動の要因**となります。

日本は超低金利時代、と長年言われ続けていますが、例えば日本の円定期預金の金利が「0.2%」で、アメリカのドル定期預金の金利が「0.5%」や「1%」などであれば、円預金を解約してドル預金にしよう、と考えるのは自然なことだと思います。

この行動は、保有する円をドルに両替して預金するわけですから、円預金を解約してドル預金にする、ということは、結果として「**円を売ってドルを買う**」という行動に繋がります。

「円を売ってドルを買う」、ということはすなわち「円売りドル買い」であり、「ドル高・円安」を表しています。

なので、冒頭で述べた「日米金利差の観点から円が売られた（または円が買われた）」というのは、日本とアメリカ（または他の外国）の**金利差が拡大したり縮小したりすることで、日本と外国の通貨金利に差が生まれ、「金利が高い方の通貨が買われる」**という結果をもたらしている、ということになります。

▶▶ 通貨の金利と政策金利

では、各国金利はどのようにして決まるのでしょうか？ 各国における金利はその通貨を取り扱う国の中央銀行が決定する政策金利がベースとなっています。

3-1 内外金利差と連動する外国為替レート

　ちなみに、単一の国の中においても、各銀行によって預金金利は違います。銀行は、その国の中央銀行（日本では日本銀行）が決定する政策金利をベースに、各々預金金利を決めることになります。

内外金利差のイメージ

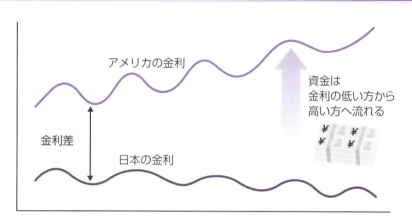

日本銀行本店（本館）

3-2 政策金利とは？

「3-1節」で説明したように、為替レートは内外金利差に左右される特徴を持っています。

各国の金利が、その国における中央銀行が決定する政策金利を基準としている、となれば為替レートを見通す上で、中央銀行の決定する政策金利を知る必要が出てきます。それでは、**中央銀行が決定する政策金利**とは一体どのようなものなのでしょうか？

▶▶ 中央銀行が実施する「金融政策」

国が行う経済政策は、日本政府が実施する「財政政策」と、その国の中央銀行が行う「金融政策」の大きく2つに分けられます。

日本の中央銀行は日本銀行ですが、日本の場合はこの日本銀行が金融政策を実施します。**金融政策は、物価の安定および景気対策の一環として、金利を上げたり下げたりすることを柱**としています。

▶▶ 政策金利の上げ下げ

ちなみに、日本における金融政策の具体的手段としては、以下の3つが代表的手段になります。

① 公定歩合政策
② 公開市場操作
③ 預金準備率操作

①公定歩合政策とは、中央銀行が民間銀行に対して貸出を行う際に適用される基準金利のことです。1990年代前半までは、この公定歩合を政策金利としていましたが、それ以降から現代において、日本銀行は、**政策金利を「無担保コール翌日物レート」に設定**しています。

3-2 政策金利とは？

　一般の人には聞き慣れない、ちょっとややこしい言葉「無担保コール翌日物レート」ですが、日本の代表的な短期金融市場である「無担保コール市場」において、無担保で翌日には資金を返済する取引が銀行間でなされており、その金利、ということになります（無担保コール市場については「3-4節」で後述します）。

主要国の中央銀行

国・地域	中央銀行
日本	日本銀行（BOJ：Bank of Japan）
アメリカ	連邦準備制度理事会（FRB：Federal Reserve Board）
ユーロ圏	欧州中央銀行（ECB：European Central Bank）
イギリス	イングランド銀行（BOE：Bank of England）
スイス	スイス国民銀行（SNB：Swiss National Bank）
カナダ	カナダ銀行（BOC：Bank of Canada）
オーストラリア	オーストラリア準備銀行（RBA：Reserve Bank of Australia）

第3章　内外金利差と為替レート

3-2 政策金利とは？

　つまり、日本銀行が政策金利であるこの「無担保コール翌日物レート」を上げたり下げたりすることで、預金金利などの様々な金利に影響を与えます。海外通貨との**金利差（内外金利差）を見通す上で、各国中央銀行の政策金利水準をチェックすることは欠かせない**、といえます。

政策金利一覧

• 政策金利名

国・地域	政策金利
日本	無担保コールレート（オーバーナイト物）
米国	フェデラルファンド（FF）金利
ユーロ圏	リファイナンス金利
英国	レポ金利
カナダ	翌日物金利
スイス	銀行間3カ月物国内金利
オーストラリア	キャッシュレート
ニュージーランド	オフィシャルキャッシュレート
香港	ベースレート（基本金利）
南アフリカ	レポ金利

3-3
外国為替レートに影響を与える中央銀行の公開市場操作

　国や地域によって金利には差があり、「**金利の高い通貨が買われる（通貨高）傾向にある**」という考えの下、政策金利がその国の通貨の金利に与える影響を述べてきました。「3-2節」で述べた通り、中央銀行が政策金利を上げ下げすることで、その国の金利は変化（上下）します。いわば**中央銀行の金融政策によって、為替レートの見通しも変わる**、ということになります。

　為替取引をするに当たって「中央銀行の金融政策」の話などすれば、「為替とどういう関係があるの？」と普通の人は考えるかもしれませんが、為替レートの見通しを考える上で「中央銀行の金融政策」に対する基礎的な知識を欠かすことはできません。

▶▶ 政策金利の動きは為替レートの見通しにつながる

　日本では、中央銀行である日本銀行が、政策金利である「**無担保コール翌日物レート**」を上げ下げすることで金利に影響を与える、と説明してきました。

　日本銀行が政策金利を（無担保コール翌日物レート）を上げれば円は買われやすくなり、逆に政策金利を下げれば円は売られやすくなる、というのが金利差の観点から考えた、為替レート変動の基本的な考え方になります。ここでは日本銀行を例にとっていますが、この基本的考え方は、世界各国における共通認識となっています。

　例えば、アメリカの中央銀行であるFRBが政策金利（**FFレート**）を引き上げれば米ドルは買われ、逆にFRBが政策金利を引き下げれば米ドルは売られる傾向になります。

　つまり「**政策金利の動き**」が為替レートの変動に大きな影響を与えることは、紛れも無い事実だといえます

　なお、金融市場では、政策金利を上げることを「**利上げ**」、または「**（金融）引き締め**」などと呼んでいます。逆に、政策金利を下げることを「**利下げ**」、または「**（金融）緩和**」などと呼んでいます。

3-3 外国為替レートに影響を与える中央銀行の公開市場操作

▶▶ 公開市場操作で政策金利を動かす

3-2節における「政策金利の上げ下げ」の項目で、日本における金融政策の具体的手段を3つ挙げましたが、ここまで述べてきた「政策金利の上げ下げ」(利上げ・利下げ) は②の公開市場操作によって誘導されます。

「3-2節」で説明した通り、中央銀行の金融政策を具体的に挙げれば、前述の①公定歩合政策、②公開市場操作、③預金準備率操作、の3つに分けられますが、市場で「金融政策」といえば、ほとんどの場合には**政策金利を上げたり下げたりする②の公開市場操作を指しています**。①の公定歩合政策、③の預金準備率操作はあくまで、金融政策における「補助的手段」といった位置付けになっているのが現状です。

「3-4節」では、その**外国為替レートの変動**に、**大きく影響を及ぼす公開市場操作**について説明します。

為替レートに影響を与える中央銀行の公開市場操作

- 中央銀行の金融政策＝実質的には公開市場操作を指している。
- 為替レートの変動は、公開市場操作が大きく影響する。

- 為替レートの変動を見通すうえで、中央銀行の金融政策(公開市場操作)が注目される

3-4 為替レートに影響を及ぼす「政策金利の誘導」

為替レートの見通しを立てる上で、中央銀行の金融政策のウォッチは欠かせません。その中心となるのが、公開市場操作、と説明してきました。

日本で政策金利とされている「無担保コール翌日物レート」と同様、「公開市場操作」も聞き慣れない言葉でややこしく感じるかもしれません。しかし、この中央銀行が行う**公開市場操作は、為替レート分析の中心**になるといっても過言ではありませんので、読者の方は頑張って付いてきて欲しい、と思います。

▶▶ 政策金利の「誘導目標」とは？

公開市場操作によって政策金利を上げたり下げたりする、と説明してきました。

しかし具体的にいえば、中央銀行が政策金利を、意図する数字に決定することはできません。**あくまでその目標数値に誘導する**ことになります。

例えば、日本の政策金利が現在0.1%だったとして、日本銀行が0.35%に利上げしたいと考えたとき、「今日から0.35%」という風に、瞬時に決定することはできません。あくまで中央銀行が、民間銀行に資金を供給したり、または吸収したりすることで、政策金利の目標数値に誘導します。中央銀行が政策金利を公表するとき「誘導目標」という形容句が付いていますが、以上がその理由になります。

▶▶ 銀行間が資金の過不足を調整する「無担保コール市場」

公開市場操作によって、政策金利を上げたり下げたりする（誘導）こととは、一体どのような過程を踏んでいるのでしょうか？　それを知るためにはまず、その**政策金利である「無担保コール翌日物レート」の市場である無担保コール市場**を、もっと知る必要があります。

民間銀行を中心とする金融機関は、日々の国内決済などで資金の過不足が生じることになりますが、**無担保コール市場とはそのような銀行間の資金過不足を調整しあう場**、といえます。

3-4 為替レートに影響を及ぼす「政策金利の誘導」

過剰な資金を抱えている銀行から、資金が不足している銀行へ資金を融通する仕組みですが、**参加者が金融機関などに限定**されているため、信用力が高く、無担保で取引されているのが特徴です。

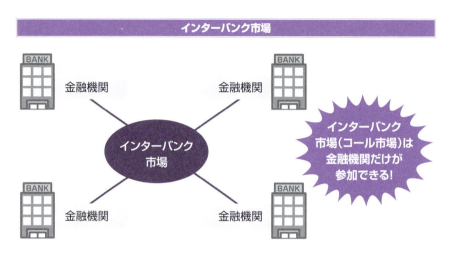

中央銀行（ここでは日銀）が政策金利を決める（誘導する）ということは、**日銀がそのインターバンク市場（コール市場）に参加**し、資金を供給したり吸収したりすることで、市場金利（政策金利／無担保コール翌日物レート）を目標値に誘導することになります。

▶▶ 買いオペ・売りオペで政策金利を誘導する

　日銀が、市場全体の資金調整を行うわけですが、日銀が大量の資金を市場に供給した結果、銀行は資金余剰となるわけですから、貸出金利を低くすることが可能になります。

　逆に、日銀が政策金利を引き上げたい場合には、市場全体の資金を吸収します。

　資金を供給する手段としては、日銀が民間銀行から国債を中心とする有価証券を買取ります。（買いオペ）　また、資金を吸収するときは、供給するときとは逆に、日銀保有の国債などの有価証券を売却します。（売りオペ）

　冒頭で、「公開市場操作は為替レート分析の中心になる」と言いましたが、公開市場操作とは、このような日銀による無担保コール市場での資金調整のことを指しており、公開市場操作は大きく「買いオペ」（買いオペレーション）と「売りオペ」（売りオペレーション）の2つに分けられる、ということになります。

　中央銀行が買いオペを行うことで、金利（無担保コール翌日物レート）の低下を誘導し、また、売りオペを行うことで金利上昇を誘導するわけですが、このようにして日本銀行は、政策金利を目標値に誘導しているのです。

　なお、金融市場では、政策金利を引き下げ（利下げ）を「**金融緩和**」、政策金利を引き上げること（利上げ）を「**金融引き締め**」と呼んでいます。これは、まったく同じことを意味するわけではなく、あくまで、金融緩和の中に政策金利の引き下げ（利下げ）が含まれており、金融引き締めの中に、政策金利の引き上げ（利上げ）が含まれている、といった意味合いになります。

- 利上げ（金融引き締め）　➡ 金利の上昇 ➡ 通貨高要因
- 利下げ（金融緩和）　　　➡ 金利の下落 ➡ 通貨安要因

3-4 為替レートに影響を及ぼす「政策金利の誘導」

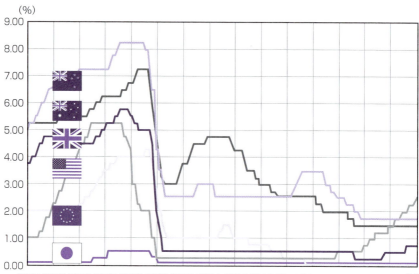

主要政策金利の推移

公開市場操作による「買いオペ」や「売りオペ」などのオペレーションによって、政策金利を誘導するわけですが、市場金利もこの政策金利に連動し、利上げされればその国の通貨は買われる傾向にあり、また逆に利下げされれば、その国の通貨は売られる傾向にあるということです。

逆に、過去10年間における主要国政策金利の推移を見てお分かりになるように、日本のみ、他国と比較し、低金利（いわゆるゼロ金利政策）が続いていることがわかります。

「利下げによって通貨は売られる傾向にある」といいましたが、日本の場合は、過去10年において、**すでに実質上のゼロ金利状態**でしたから、この理論で言えば、金利低下も通貨安になることはない、ということができます。

しかしドル円レートで考えた場合、相手国通貨（米ドル）の中央銀行であるFRBは08年後半に生じたリーマンショック以降より、アグレッシブな利下げを継続しました。

3-4 為替レートに影響を及ぼす「政策金利の誘導」

つまり、**日本はこれ以上金利を下げられませんが、アメリカが下げてきたことで、金利差は年々縮小することになったのです。**

図を見てお分かりいただけるように、08年以前にはアメリカの金利は高金利で、日本は「ゼロ金利」。いわゆる**日米における内外金利差が大きかったことから、米ドルが買われ、日本の円は安い時代が続きました。**

2007年夏以降の米FRBの連続的な利下げによって、金利差が日を追うごとに無くなったものですから米ドルへの購買意欲が減少し、円への購買意欲が高まることで、07年以降は円高が進行したのがわかります（下図・ドル円レート）。

上記ドル円チャートと、前ページ、アメリカの政策金利の推移（チャート）はまったくといってよいほど、同じ軌道を描いていますが、これも「内外金利差」によって為替レートが変動する、といった根拠の一つになるといえるでしょう。

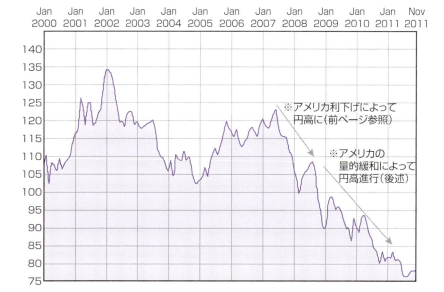

ドル円レートの推移

3-5 物価目標と政策金利

中央銀行が**政策金利を引き上げれば（利上げ）、金利上昇見通しと共に通貨は買われ、逆に引き下げれば（利下げ）金利下落見通しと共に通貨は売られる**傾向にあると説明してきました。繰り返しになりますが、利上げは「金融引き締め」、利下げは「金融緩和」の類に入ります。

よって、中央銀行が「金融緩和に踏み切る」（または金融引き締めに踏み切る）といった情報（ニュースなど）が大きく出回ると、その国の通貨は売られたり、また買われたりし、結果として為替レートは変動することになります。

中央銀行が、そのような金融政策に踏み切ることをいち早くキャッチするのが、為替取引を行う上で重要なポイントです。ではどのようなときに中央銀行は、利上げ・利下げをするのでしょうか？

▶▶ 物価の安定と金融政策

ごく普通に考えると、中央銀行が利下げをすれば、民間銀行が企業や個人などの民間部門に貸出する金利が下がるわけですから、世の中に出回るお金の量は増加します。

お金の出回る量が増加し、人々がお金を使うようになると、当然物価は上昇します。このことを、インフレーション、または簡単に「**インフレ**」といいます。

世の中の景気が悪い、ということは、世の中の人々が各々の理由によって、お金を使っていないことに他なりません。よく「消費が滞っている」等といった言い方をしますが、人々の財布の紐が固くなっていることの表れだといえるでしょう。

そのようなときに、中央銀行は「3-4節」で説明したような方法（買いオペ）で、民間銀行に資金を供給し、政策金利を引き下げます（利下げ）。銀行間の貸出金利が下がれば、銀行から民間企業に貸し出す金利も低くなることに繋がり、世の中に出回るお金の量が増加して、結果的に景気回復が見込めるからです。

逆に、すでに景気が過熱しており、物価が大きく上昇しているときには、同じく「3-4節」で説明したような「売りオペ」によって民間銀行から資金を吸収し、景気を引き締めます。

そして、景気後退・回復を見極めるうえで消費者物価の上昇率（**消費者物価指数：CPI**）が判断基準となっています。中央銀行は物価下落幅が大きなときには（利下げ含む）「金融緩和」を行い、また逆に、物価上昇幅が大きなときには（利上げ含む）「金融引き締め」を行うことで、**物価の安定を任されている**のです。

▶▶ 中央銀行の物価上昇率の目標

為替レートを見通す上で、このような「物価基準」の考慮は欠かせません。

世界各国の中央銀行は各々、**「物価上昇率」を金融政策の主要な基準としている**からです。

物価上昇率が過度に高ければ金融引き締めを行い、金利を上げようとしますし（利上げ）、過度に低ければ金融緩和を行い、利下げを行おうとするからです。繰り返しになりますが、**「利上げ」はその国の通貨が買われる要因**となりますし、**「利下げ」は売られる要因**となるからです。

つまり、
①各国の中央銀行は、その国の物価上昇率を目途に、金融政策（利上げ・利下げ）を実施し、
②中央銀行の利上げ・利下げによってその国の通貨は買われたり売られたりする。

これら2つメカニズムを考慮すれば、その国の**物価上昇率をチェックすることは為替取引にとって欠かせない行為**だといえるでしょう。

▶▶ 主要国の物価上昇における目標値

物価水準のチェックは欠かせない、といいましたが、では各国中央銀行は、利上げや利下げするに当たって、金融政策の主要ターゲットである物価上昇率のどのあたりの水準を目標値にしているのでしょうか？

世界的に、主要国中央銀行の物価上昇率の（基準）数値としては、年率で「プラス2％上昇」が広く意識されています。

3-5 物価目標と政策金利

　日本の中央銀行は日本銀行、アメリカはFRB、ユーロ圏はECBですから、それぞれの中央銀行が金融政策の主要な基準としている「**物価上昇率でプラス2％**」から、実際にどのくらい離れているのか。どのタイミングで各々の中央銀行が「緩和」を実行するのか「引き締め」を実行するのか考慮することが重要になってくるわけです。

　例えば、日本の物価上昇率がプラス0.1％であれば、「利下げ見通しが続き、利上げは当分ない」と予見できますし、逆にアメリカの物価上昇率がプラス2％なのであれば、「利上げがあるかも知れない」と予見できます。

　為替取引を行うに当たり、なぜその国の物価上昇率まで気にしなくてはならないのか、と思う方もいるかもしれません。具体的にいえば、内外金利差が為替の変動要因になるといっても、単純に金利の高い通貨が買われるというわけではなく、これから**政策金利が上昇していくと予想される国の通貨が上昇し、これから政策金利が低下していくと予想される通貨が下落する傾向にあるから**です。

　為替レートを見通す、ということは、面倒くさい金融政策の構造を頭に入れておく必要がある、ということかもしれません。

　ただし上記の内容は、あくまで基本的な考えであり、実際には様々な要因から金融政策が実施されることがあります。なので、これらの考えが機械的な「絶対的ルール」というわけではありませんが、為替レートを見通す上で、**物価上昇率と中央銀行の政策金利の動向は、基本的な考え方**として押さえておくべき内容だといえます。

主要国における物価上昇率の目標数値、および表現の違い

- 日本　　　　　：日銀　➡2％「物価安定の目標」
- アメリカ　　　：FRB　➡2％「goal」
- ユーロ圏　　　：ECB　➡2％未満かつ2％付近「Quantitative Definition」
- イギリス　　　：BOE　➡2％「Target」
- スイス　　　　：SNB　➡2％未満「Definition」
- カナダ　　　　：BOC　➡2％「Target」
- オーストラリア：RBA　➡2〜3％「Target」

3-5 物価目標と政策金利

主要中央銀行における物価の位置付け

	名称	英語表記	内容
日本銀行 BoJ	中長期的な物価安定の理解 (2006年3月9日導入)	understanding	消費者物価指数の前年比で「2%以下のプラス、中心は1%」
	中長期的な物価安定の目処 (2012年2月14日導入)	Goal	消費者物価指数の前年比で「2%以下のプラス、当面は1%を目途」
米連邦準備理事会 FRB	長期的な物価目標	Goal	個人消費首出の物価指数（PCEデフレータ）で前年比2%上昇
欧州中央銀行 ECB	物価安定の量的定義	Definition	消費者物価指数で前年比2%未満
イングランド銀行 BoE	インフレ目標	Target	消費者物価指数で前年比2%。上下1%を超えて振れると財務相に報告義務

（出所：各種資料よりバークレイズ・リサーチ作成）

▶▶ 金利引き下げが限界（ゼロ）に達した場合

　中央銀行が政策金利を引き上げれば（利上げ）、通貨は買われる傾向にあり、引き下げれば通貨は売られる傾向にある、と説明してきました。

　政策金利を上げ下げする、その基準についても説明してきたわけですが、「景気を上向かせるため、金利を引き下げ続けてきた結果、金利がゼロ付近まで下げってしまうと、その先はどうなるの？」といった意見もあるかもしれませんが、しかしそれについては、第6章（外国為替市場を動かす中央銀行の金融緩和政策）で述べます。

COLUMN　事実よりも噂や印象が重要？

　近年では、中央銀行政策は①金利政策と②量的政策と分けて考えられる傾向にあります。

　これは緩和局面において政策金利をゼロにすると、それ以上は引き下げられないので中央銀行のバランスシート政策として、「どれだけの資産規模を買い入れるのか（または売却するのか）」といった段階に入った中央銀行がアナウンスする傾向にあるためです。

　しかしこの量的政策に関しては、その「アナウンス自体」でマーケットをコントロールしようとする意図が働いています。（アナウンスメント効果）

　実際に、日銀は2014年10月以降、「年間国債買い入れ額は80兆円程度」とアナウンスしていますが、2018年における実際の買い入れ額は約38兆円まで低下しています。

　これは最初の段階である金利政策が目標値に達しているということと、実際に買い入れるだけの国債の規模が市場に残っていないという背景があります。日銀は実際には②量的目標のコミットメントを達成していないのですが、市場はあまり気にしていません。皆の関心が薄くなれば事実がどうなっていようと、それを基準に取引することはなくなる、といった1つの特徴があります。

　FRBのバランスシート政策にしてもそうです。「2018年10月より買い入れた資産の償還分の再投資規模を縮小する」と（FRBが）アナウンスすると、2018年10月から株価は急落を始めました。しかし、実際には2018年1月からFRBバランスシート自体の規模は10月以降とほぼ同じペースで縮小していたのです。

　これは現代の中央銀行政策にとって、いかにそのアナウンスメント効果が大きいかを象徴した出来事でした。「事実を確認することが難しい、または困難を伴う」といった箇所において、中央銀行のトップが一言、「～をこうする」といったほうが皆にわかりやすい、といったことが大きく関係していそうです。実際の事実よりも噂や印象で物事が決まる、というのは市場に限らない世の中の真理だといえるかもしれません。

為替レートの変動要因
―相場を読み解く上での基礎知識―

　為替レートの基本的な変動要因は、第3章で説明した内外金利差が主要なものになりますが、それ以外にも変動要因は、世界各国の景気変動や対外収支の状態、また為替取引におけるプレーヤーの顔ぶれの変化などが為替レート変動を大きくすることがあります。

　この章では、キャリートレードや、国家の経常収支、外国為替市場における投機マネーなどについて説明していますが、それらが為替レート変動のキッカケとなっていたり、ボラティリティを高める要因となっていることは否定できません。

　為替レートにおける変動要因を、細かく挙げていけばキリがありませんが、この章では、代表的なものを取り上げてみました。

4-1 中央銀行は「為替レート変動におけるメインプレーヤーの1人」

「3-1節」では、国内と海外の金利（内外金利差）を比較した場合、**高金利の通貨が買われる傾向にある**、と述べました。そして、各国の金利水準のベースとなっているのが、その国の政策金利である、ということも説明しました。

つまり、上記のような買いオペ・売りオペ（公開市場操作）によって、政策金利が上がったり下がったりすることで、為替レートは変動します。

▶▶ 金融政策と為替レートとの関係

ここまで説明してきたことは、「政策金利の上昇（利上げ）を見越すことは、その国の通貨が買われる（通貨高）ことを見通すこと」であり、また逆に「政策金利の下落（利下げ）を見越すことは、その国の通貨が売られる（通貨安）ことを見通すことにつながる」というものになります。

つまり、**為替レートを推測する上で、各国における中央銀行の金融政策をウォッチ（または分析）するのは欠かせない**、ということになります。

▶▶ 金融政策をめぐる報道で変動する為替レート

利下げは「金融緩和」、利上げは「金融引き締め」というカテゴリーに分類される、ということを説明しましたが、**市場では「金融緩和」（第6章　金融緩和政策参照）の話が浮上してくると、その国の通貨がさらに売られる傾向にある**、ということです。

これをドル円レートで例えれば、「日銀が大規模な金融緩和を行う」といったニュースが大きく流れれば、円は売られる傾向になり、また逆に、「（米国の中央銀行である）FRBが大規模な金融緩和を行う」といったニュースが流れれば、米ドルが売られる傾向となります。

よって、金融市場の間では、中央銀行の金融政策に関する情報を、いち早く掴むことが為替レート変動を見通すことにつながる、といったコンセンサスが形成されています。市場関係者の中で、**中央銀行が大きな話題の1つとなるのはこのため**です。

4-1　中央銀行は「為替レート変動におけるメインプレーヤーの1人」

　冷静に考えれば、**「紙幣」を発行するのは中央銀行**であり、その通貨価値を決めるに当たって主導権を握っている、といえるでしょう。**中央銀行は為替レート変動におけるメインプレーヤーの1人**、だと言い換えられます。

世界の中央銀行

◀オーストラリア準備銀行

▼カナダ銀行

©Peregrine981

▼スイス国民銀行

©Baikonur

▼中国人民銀行

©Yongxinge

第4章　為替レートの変動要因

4-2 キャリートレードとリスクオン

　内外金利差と、各国の政策金利を誘導する中央銀行の実務について説明してきましたが、低金利の通貨で資金を調達し、高金利通貨と交換し、その国の金融商品で運用する取引を**キャリートレード**（Carry Trade）といいます。キャリートレードをすることで、金利差益や投資収益が見込めます。

▶▶ 円キャリートレードと円安の関係

　日本は長らく、低金利通貨となっていますが、1990年代に米国のヘッジファンドなどが、低金利の日本の円で資金調達し、それを米ドルに換えて米金融市場（株式や債券など）で運用していた頃からキャリートレードという取引は確立された感があります。

　このように、円を資金調達通貨とした場合のことを、**円キャリートレード**（Yen Carry Trade）といいますが、ヘッジファンドや機関投資家などの運用主体は、東京市場で低金利の円を借り、高金利通貨と交換し、またはリスク性の高い金融商品で運用する過程で円を売ることになりますから、**円キャリートレードが加速するほど円安も進行する**、ということになります。

▶▶ 注目を集めるドルキャリートレード

　日本の円は、キャリートレードの代表的な資金調達通貨でしたが、2007年に入ると、アメリカ国内で住宅バブルが崩壊し、景気が悪化したことからアメリカの中央銀行であるFRBは連続的な利下げを実施、日本同様、実質上のゼロ金利となりました（誘導目標0.25%/2008年12月）。

　この結果、米ドルが低金利で借り入れ可能となったことから、米ドルもキャリートレードの資金調達通貨となり、2009年に入って、この**ドルキャリートレード**（USD Carry Trade）も注目されるようになりました。円キャリートレード同様、ドルキャリートレードも、その取引が進行している間、外国為替市場では、資金調達通貨の相場（この場合、円や米ドル）には下落圧力が掛かります。

円キャリートレードの概要

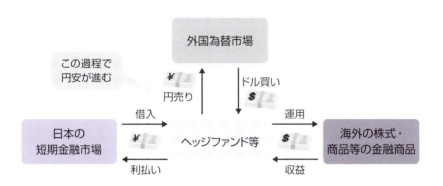

▶▶ リスクオンとリスクオフ

リスクオン（Risk on）というのは、マーケットから金融不安が払しょくされたり、景気回復が見込まれるようになると、投資家の投資意欲が活発化し、より大きな収益を求め、リスクを取ってポジションを取るようになることです。

リスクオンの定義は曖昧な部分がありますが、マーケットにおける特徴としては、株式やコモディティなどの商品相場が上向きになることです。逆に**リスクオフ**（Risk off）というのは、リスクオンとは逆の用語で、何らかの出来事がキッカケになって投資マインドが冷え込み、マーケット全般が下げ基調となることを指します。リスク性の高い金融商品から資金が流出するようになると、投資リスクの低い国債買い等の「**質への逃避**」が起こることがしばしばです。

キャリートレードが活発化しているときは、マーケットがリスクオンの状態のときである、といえます。低金利通貨が売られ、高金利通貨が買われ、リスク性の高い商品が買われているということは、金融不安などが払拭されていることの表れ、といえるかもしれません。

逆に、金融不安や景気後退などが囁かれるようになったとき、リスクオフの状態になりがちですが、そのようなときには、売られていた低金利通貨が、逆に買われます。

4-2 キャリートレードとリスクオン

　キャリートレードの主な運用主体は海外のヘッジファンドや機関投資家になりますが、借りていた資金はどのみち返済しなくてはならず、世界の金融市場が何らかの理由で冷え込むと、それら運用主体はリスクを取れなくなり、借り入れた資金を返済するために、リスク性資産のポジション解消の動きと共に、低金利通貨の買い戻しをすることになります。（巻戻し）

　つまり、リスクオンと共にキャリートレードは生じやすく、円や米ドルなどの低金利通貨には下落圧力が掛かります。逆に、リスクオフのときは、キャリートレードの解消が進み、下落圧力の掛かっていた低金利通貨（調達通貨）には反発圧力が掛かりやすい、といえます。

リスクオン ➡ キャリートレード　　　➡ 低金利通貨の下落
リスクオフ ➡ キャリートレード解消 ➡ 低金利通貨上昇

　「有事のドル買い」という言葉がありますが、最近では「**有事の円買い**」という言葉も聞くようになりました。このようなキャリートレードの解消からの**円の巻戻しは「円が安全通貨だから買われている」ということではない**、といった点に留意が必要だといえます。

4-3 経常収支と為替レート

為替レートを見通す上で、一国が外国と、モノ・サービス・証券取引などの各種取引を記録した**国際収支統計**をチェックすることも欠かせません。

▶▶ 国際収支統計とは？

国際収支統計は、一定期間における一国の対外経済取引を記録したもので、日本では日銀と財務省が共同で公表しています。

一国の経済活動を記録したもの、とはいっても、ここで重要なのは「日本人と外国人の取引」というわけではなく、「**居住者と非居住者の取引**」を表したものだということです。例えば、同じ日本人同士の取引であったとしても、日本を拠点としている者と海外を拠点をしている者の取引であれば、それは国際収支勘定に計上される、ということになります。

このように、国際間の経済取引を表す当統計ですが、**為替レート変動の決定的要因とはいわずとも、レート変動を見通す上での基本的要因**だといえるでしょう（基本的に、為替レート変動に1つの決定的要因等は存在しえないからです）。

国際収支統計は、大きく「経常収支」と「資本収支」に分けられます。モノ・サービスの取引（**経常取引**）を表したものが経常収支、資本の取引（**資本取引**）を表したものが「資本収支」です。

国際収支統計 ➡ ・大きく経常収支と資本収支の2つに分類される
・移住者と非移住者の取引
　（国際間の取引勘定だが、国籍は無関係）

▶▶ 経常収支と為替レート

経常収支・資本収支は、共に国際収支統計を構成する項目ですが、為替相場に影響力を及ぼす項目として市場から注目されるのは、前述の経常収支項目になります。その経常収支（経常取引）を為替レート変動の視点から見てみましょう。

4-3 経常収支と為替レート

経常収支は、その統計上、①貿易・サービス収支・③所得収支・④経常移転収支の3つから構成されていますが、市場では貿易収支のみに焦点を当てて議論されることも多いので、ここではその貿易・サービス収支を2つに分けて考えます。（経常収支構成図参照）　つまり**4つの構成項目**から経常収支を考えてみます。

「貿易収支」はモノの輸出入取引を表し、「サービス収支」はサービス取引を表しています。「所得収支」は対外直接投資や証券投資からの収益を表しており、「経常移転収支」は、見返りを求めない一方的な援助や寄付を計上したものです。

為替レート変動を考える上で、この経常収支統計がどう影響するか、というのが話の焦点になるわけですが、結論からいってしまえば、**経常収支が黒字であるならば、それは円高要因**になり得る、ということです。

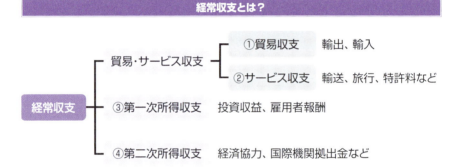

①貿易収支

貿易収支はモノの取引だといいました。例えば、わが国は世界有数のエネルギー消費国であるにも関わらず、資源が乏しく海外から輸入するしかない、といった状況が続いています。

経済に必要な原油に関し、日本はサウジアラビアやUAE（アラブ首長国連邦）など中東の国々等に依存していますが、日本企業がサウジアラビアの企業から原油を輸入する場合、日本企業がサウジアラビアの企業に支払う通貨は、世界の貿易決済の基軸通貨であるドルになります。

この場合、日本企業が手持ちの円を、ドルと交換して相手企業に支払うわけですから、為替レートの視点に立つと、この取引は「円売りドル買い要因」となります。

これは原油などの資源に限った話ではなく、日本企業が海外企業から輸入する場

合は、ドルを支払うことがほとんどですから、**輸入取引自体が円売り・ドル買い要因**となります。

逆に、海外企業が日本企業から何かを買う場合、つまり日本企業が輸出する場合はどうでしょう？

例えば、日本の代表的輸出企業であるトヨタ自動車が、アメリカに自動車を輸出する場合、アメリカの輸入企業はドルをトヨタに支払いますが、トヨタとしては受け取ったドルを日本国内で使うことはできません。従業員の給与の支払いや国内での設備投資、国内での取引会社との決済などは全て円で行われますが、これはつまり、海外企業から受け取ったドルを円に換えることを示唆しています。

要するに、**輸入取引は「円売り・ドル買い要因」**（円安）ですが、逆に（日本企業から見た）**輸出取引は「ドル売り・円買い要因」**（円高）ということになります。

以上は、自動車などの耐久消費財、原油等のエネルギーといった「モノに関する取引」を表した貿易収支の話ですが、貿易収支が黒字、ということは輸入よりも輸出の方が大きかった、ということになります。つまり**貿易収支の黒字は円高要因**であり、**赤字は円安要因**、ということになります。

（日本から見た）輸入取引 ➡ 円安要因
（日本から見た）輸出取引 ➡ 円高要因
⬇
貿易赤字 ➡ 円安要因
貿易黒字 ➡ 円高要因

以上は貿易収支（モノの取引）の側面から為替レート変動の話ですが、前述のように貿易収支は、経常収支を構成する4つの項目の内の1項目です。しかし（残りの3項目である）②サービス収支・③第一次所得収支・④第二次所得収支を含めた、経常収支全般で見た場合にも同様のことがいえます。

経常黒字であることは、ドル（外貨）が売られて円が買われる「**円高要因**」であり、経常赤字であることは、円が売られてドル（外貨）が買われる「**円安要因**」であるということです。これは結論として前述している内容と同じですが、以下、残りの項目についても見てみましょう。

②サービス収支

サービス収支は、貿易収支などのような「モノ」に関する以外のサービス分野、例えば、旅行や物流等での取引を表した収支だといえます。サービス収支は「**旅行収支**」・「**輸送収支**」・「**その他サービス収支**」の3項目に分かれますが、「旅行収支」の割合が最も大きく、その代表的なものは「海外旅行」だといえます。

私たち日本人(日本を拠点とする居住者)が海外へ旅行に出掛けるとき、海外では円を使えませんから、円を旅行先の現地通貨と交換してから出発します。または、現地に到着してから円と現地通貨と交換します。

これらは、「円と外貨の交換」という取引になります。つまり**日本人が海外旅行へ出掛け、現地でお金を使えば「円安要因」(円売り)**ということになるわけです。

逆に、**外国人が日本へ海外旅行にやってきた場合には外貨と円を交換しますが、これは当然ながら「円高要因」(円買い)**ということになります。

サービス収支というのは、これらの収支を表したものですから、海外旅行で例えたこの場合(旅行収支)には、サービス収支が黒字ということは、日本から海外に出向いた人よりも、海外から日本に来た人の収支が大きかった、ということになります。

逆に、サービス収支が赤字だった場合には、海外へ出向く日本人の収支の方が、日本へやってくる外国人よりも大きい、ということになります。

日本のサービス収支は、慢性的な赤字となっていますが、これは上記のように「日本人(日本居住者)の海外旅行好き」を表している、ということにもなります。しかし、円安が進行した場合には、外国人からすると来日しやすい環境となり、サービス収支の赤字幅は縮小する傾向となっています。

③第一次所得収支

日本の第一次所得収支は、「投資収益」と「雇用者報酬」の2つで構成されています。

所得収支は、前者の**投資収益がそのほとんど(9割以上)を占めています**が、投資収益というのは「日本企業が海外の小会社から得られる収益や、株式や債券などの証券投資から受け取る利子や配当金などと、その逆(海外企業の日本国内における小会社、海外投資家の日本への投資)との差額を表したもの」となります。(証券投資で売却して得た利益などは、経常収支ではなく、資本収支に分類されます)

一方の雇用者報酬とは、日本居住者から海外居住者への報酬や、（日本）居住者が海外で得た報酬を計上したものです。

④ 第二次所得収支

政府・個人を問わず、贈与や物資・寄付など、対価が生じない取引は、第二次所得収支に計上されます。日本は発展途上国や多くの国際機関に資金協力を行っていますので、日本の第二次所得収支は、②のサービス収支同様、慢性的な赤字となっています。

▶▶ 対外黒字と通貨高

日本は長年、①貿易収支が黒字　②サービス収支は赤字　③第一次所得収支は黒字　④第二次所得収支は赤字、といった状況が続いてきました。日本は長きに渡って、貿易収支と第一次所得収支の黒字額が第一次所得収支と第二次所得収支の赤字額を大きく上回っていたため、経常収支としては黒字を続けてきました。

経常収支の推移

※財務省国際局為替市場課

4-3 経常収支と為替レート

「経常黒字国であることは、その国の通貨が買われる傾向（日本でいえば円買い）」と述べましたが、端的に言ってしまえば、このような対外取引において「支払い額よりも受け取る金額の方が大きい」ということになります。**受け取ったお金はその国の通貨に交換されることに繋がります**から、経常収益が黒字を保つということは、通貨高を招くことに繋がりやすい、ということになります。

日本は、多くのモノを海外へ輸出し、海外投資からの利息や配当収入などで稼いでいることになります。繰り返し述べてきたように、これらは円高要因の1つとなりますが、逆に経常収支が黒字から赤字へ転落すれば、円は売られやすい傾向になる、ということになってしまいます。

> 経常黒字 ➡ 通貨高要因
> 経常赤字 ➡ 通貨安要因

例えば、2011年3月に発生した東日本大震災によって、福島原発事故が起こりましたが、その後、国内において「反原発運動」が盛んになりました。

1970年代のオイルショック以降、わが国では原油輸入による経済不安を解消する為、原油を資源としない原子力開発を進めてきましたが、反原発運動によって火力発電に頼ることになり、天然ガスや原油輸入額が大きく膨らみました。つまり、もともと資源エネルギーに乏しいわが国でしたが、輸入額が急増したことで貿易黒字ではなくなってしまったのです。

これによって、長年続いた「貿易収支と所得収支の黒字」というわが国の構図は崩れ、貿易赤字の慢性化とともに経常収支の黒字幅は減少し続けました。（経常収支の推移図）その結果、2012年末から2013年初頭には経常赤字が連月で生じましたが、為替レート（ドル円）はそれに追随する形で急激な円安になりました。

「3-7節」冒頭で述べたように、これら国際収支統計は、為替レート変動における決定的要因ではなく、あくまで**為替レートを見通す上での基本的要因**（基本的統計）だといえます。よって、経常赤字と通貨安（円安）が直接的因果関係を持つか否か、それが100%全てだとは言えませんが、**経常収支と為替レートに関連性があることには間違いない**、といえるでしょう。

4-4 実質実効為替レートと名目為替レート

為替レート変動の要因には、外国との内外金利差（3-1節）や、国際収支統計の変化などによって影響を受ける傾向にある（3-7節）、と説明してきました。

▶▶ 実効為替レート

為替レート変動には様々な諸要因が挙げられますが、上記などの変動要因に加え、外国為替市場における為替レートは、BISなどの国際機関が作成している「**実効為替レート**」と比較されることがあります。

通常の為替レートは二国間における通貨の交換比率を表したものですが、ちょっとしたニュースなどに反応し、上下に大きく振れることもしばしばです。

そういうことから、二国間だけでなく複数通貨との相対的実力を測る「**実効為替レート**」を、複数の国際機関が参考値として作成している、ということになります。

実効為替レートを作成している国際機関として、BISやIMF、OECDなどが挙げられますが、日本の中央銀行である日本銀行が採用しているのは、**BISベースの実効為替レート**であり、当指標は各国との対外競争力を測る上で適切な為替レート、ともいわれています。

- 外国為替レート（通常の為替レート）➡ 二国間の為替レート
- 実効為替レート ➡ 複数通貨との総合的実力を測ったレート

▶▶ 名目為替レート

複数通貨との相対的実力を表した実効為替レートは、インフレ調整する前の**名目実効為替レート**と、インフレ調整後の**実質実効為替レート**に分けられます。

前者の名目実効為替レートは、世界各国との輸出競争力を計測する一国の参考レートですが、算出方法としては、主要輸出相手国との為替レートを貿易額に応じて加重平均し、指数化したものになります。

第4章 為替レートの変動要因

4-4 実質実効為替レートと名目為替レート

● 名目実効レートにおける適用通貨の範囲

世界各国との、総合的な（一国の）通貨の実力を測る実効為替レートを作成するに当たって、適用通貨をどの程度まで広げるかという問題や、適用通貨国にどの程度の比重を置くか、という2つの問題があります。

通常で考えれば、適用通貨は広い方が望ましく、例えば日本銀行では、BISが実効為替レートを作成するに当たって算出ベースとしているうちの適用範囲の広い方（ブロードベース）を採用しています。

BISのブロードベースは、**主要60カ国における貿易額の加重平均**であり、その採用国は増加傾向にあります（BIS実効為替レート指数／exchange rate indices）。

また、適用通貨国にどの程度の比重を置くか、という問題ですが、日銀採用の実効為替レートは、日本の輸出額に占める相手国のシェアを用いています。

> 日本の実効為替レート ➡ 主要60カ国との貿易額を対象として算出（BISのブロードベース）

▶▶ 対外競争力をより表した「実質実効為替レート」

このような名目実効為替レートは、各国通貨との相対的な実力を測るための指標ですが、その国の対外競争力をよく表しているものとして市場でよく取り上げられるのは、名目為替レートをインフレ調整した「**実質実効為替レート**」になります。

国によって物価上昇率は当然違うわけですが、名目為替レートにそのような物価の違いを加味したものが実質実効為替レート、ということになります。

> 実質実効為替レート ➡ 名目為替レートを物価調整したもの

例えば、名目為替レートが1ドル＝100円のときに、アメリカ国内でボールペン1本が2ドルだったとします。このとき、円でそのボールペンを買おうとすれば、200円必要になってきますが、1年経ってそのボールペンが3ドルに値上がりしたとします。すると、日本円では300円必要になってきます。

4-4 実質実効為替レートと名目為替レート

　このように為替レートに変動がなくても、相手国の物価が上昇すれば、もう一方（ここでは日本円）の国の通貨価値は、実質的に下がります。

　このように名目為替レートに、各国における物価の違いを調整したもの（実質化）が実質実効為替レート、となるわけです。

　ちなみに、実質実効為替レートは、BISをはじめとするIMFやOECD＊などの各国際機関が独自に作成していますが、各機関によって、インフレ調整する際の物価指数は違います。日銀が採用しているBISベースのデフレーターはCPI＊（消費者物価指数）、となります。

　この実質実効為替レートは、日銀が時系列統計データとして公表しています。

実質実効為替レートの推移

　色のラインは、東京市場におけるドル円レート（17時時点／月中平均）、黒いラインが実質実効為替レートになります。

　この統計の見方としては、名目為替レート（ドル円レート、色）を示す数値が左側にあり、実質実効為替レートを示す数値が右側にあるということです。ドル円レート（色）は、数値が高くなれば円安ですが、実質実効為替レートは、数値が高くなれば円高、低くなれば円安、ということで、レートを理解する上で少々見にくいかもしれません。

＊ **OECD** Organisation for Economic Co-operation and Developmentの略。
＊ **CPI** Consumer Price Indexの略。

4-4　実質実効為替レートと名目為替レート

　よって、**名目為替レートと実質実効為替レートが同じ位置にあったとしても、数値の水準は違う**ので注意が必要です。

　実質実効為替レートは、基準年を100として指数化しており、過去の統計などは基準年が違うことから違った統計に見えることもあるので、その点にも留意が必要です（図では基準年を2010年として指数化しています）。

　図のように、名目為替レートと、一国の対外競争力を表した実質実効為替レートは、よく比較されますが、その理由としては、日本銀行が採用しているBISベースの実質実効為替レートが貿易面や物価といった側面から、重要な要件をよく備えている、といったことが挙げられます。

4-5 為替レートを動かす実需マネーと投機マネー

BIS（国際決済銀行）は、3年に1度、世界の為替取引における調査結果を公表していますが、2013−2016年調査では1日当たりの為替取引額が5.1兆ドルになることが判明しています。

BISの為替取引調査*で目を引くのは、年々取引額が急速に拡大していることです。

▶▶ 拡大する投機目的の為替取引

BISの報告によれば、2013年4月に引き続き、2016年4月も為替取引額は5兆ドルを超えていることがわかります（約5.1兆ドル）。

そして、その取引拡大をけん引しているのはインターバンク市場参加の大手銀など「reporting dealers」といわれるグループ以外の金融機関（other financial institutions）」のグループになります。具体的にいえば、ヘッジファンドや年金基金、保険会社、ミーチュアルファンド（投資信託）、中央銀行等になります。

投機目的の為替取引の推移

機関／取引先／満期	2010 総額	%	2013 総額	%	2016 総額	%
計	3,971	100.0	5,357	100.0	5,088	100.0
大手銀行等のディーラー	1,544	38.9	2,072	38.7	2,136	42.0
その他の金融機関	1,896	47.7	2,817	52.5	2,571	50.5
金融機関以外	532	13.4	472	8.8	381	7.5

これらのグループは、2013年に引き続き、為替取引額の半数以上を占めていることになります（その他の金融機関、50.5％）。

このグループの中でも特に、為替取引におけるFX取引高を押し上げているのは大手ヘッジファンドなどの大規模プレーヤーになります。

＊為替取引調査　BIS：http://www.bis.org/publ/rpfx13.htm

4-5 為替レートを動かす実需マネーと投機マネー

2008年にアメリカの投資銀行リーマンブラザーズが、倒産したことで生じた金融危機（リーマンショック）後、ヘッジファンドも一時期、FX取引高が減少しましたが、2009年以降、再びヘッジファンドの取引高は増加傾向にあります。

ヘッジファンドや年金基金などのグループが、インターバンク市場参加銀行の為替取引額を2010年に超えたのもこのためです。一般に、**投機**とは、短期的な価格変動から収益を得ようとする取引を指しており、前述のインターバンク市場参加の銀行も**「投機筋」（スペキュレーター）**ということになります。

また、それとは別に、輸入や輸出をする事業者の為替取引を、**実需**と呼びます。実需取引は商業取引に基づいていますので、身近な例でいえば海外旅行者の通貨の交換なども実需取引になります。

投機と実需

実需筋 外貨で受け取った輸出品の代金を円に変えたり、輸出品を買うために円を外貨に変えたりすることが必要な企業。

輸出業者（メーカーなど）　　輸入業者（商社など）

↓

外国為替市場

↑

投機筋 通貨の売買そのもので利益を出そうとする金融機関などのこと。

銀行　生損保　ヘッジファンド　年金基金　個人投資家

▶▶ 実需の取引と投資目的の取引の位置付け

為替レートが、貿易取引など実際の経済取引を表した、いわゆる**実需取引**で決まるのか、それとも、このような短期的な収益が目的である**投機取引**で決まるのか、といった議論があります。前述のように、年々、**投機目的の取引は拡大する一方**で、それらの取引額が世界の為替取引の中心となっている事実は否めません。

投機目的のこれらの資金を一般的に、「**投機マネー**」と呼ぶこともあります。対して、実需取引における資金を「**実需マネー**」と呼んだりします。

▶▶「変動要因」と「変動力」

例えば、ジェトロ（日本貿易振興機構）によれば2017年の世界貿易総額（輸出ベース）は3年ぶりのプラス成長となり、17.3兆ドルとなっていますが、それを1日換算すれば約474億ドル程度、となります。（前述のように）為替取引は1日当たり5.1兆ドルなので、1日当たり500億ドル弱の貿易額は、**全体の為替取引額の1%にも満たない水準**ということになってしまいます。

つまり、実際の貿易取引など経済取引の規模よりも、**為替取引の方が遥かに大きくなっている**ことを表しているのです。そして、その半分は投機マネーが占めているのです。

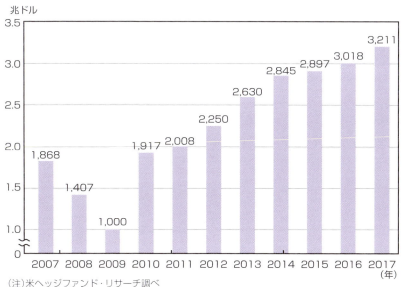

ヘッジファンドの運用資産残高

（注）米ヘッジファンド・リサーチ調べ

4-5　為替レートを動かす実需マネーと投機マネー

　これらを考えれば、為替レートの変動要因として、実際の貿易額、例えば「3‐7節」で説明した貿易収支などを根拠とした為替取引が、実際の為替レート変動にどこまで影響するのか、ということになります。「為替レートを動かしているのは実際の経済取引ではなく、投機マネーが動かしているのでは」といった議論です。

　確かに、金額規模からいえば、そのような「投機マネー」が取引の中心であることには間違いなさそうですが、その投機マネーが動く「動機」には、いままで説明してきた各国の物価変動による政策金利動向や、国際間の経済取引などが中心となっています。

　そのような**国際事情を「材料」として投機マネーが為替相場に流入する**ことが多く、それを考えれば、**投機マネーは為替レート変動の大きな力**、と例えられますが、本質的な根拠、という位置付けになるかどうかは不透明なところがあります。

　「3-1節」から説明してきました、「内外金利差」や「国際収支統計」、そして「実質実効為替レート」などは、「**為替レートの変動要因や媒体**」であり、投機マネーというのは、あくまで「**為替レートの変動力**」という位置付けだといえるでしょう。

　当然ながら、投機マネーの取引規模が大きいので、それによって為替レートが、短期的に大きく上下に振れることはありますが、中・長期的には内外金利差や、貿易統計に起因した実質実効為替レートなどの経済ファンダメンタルズに近付くのではないでしょうか。

- 実需筋（実需マネー）➡ 輸出業者、輸入業者など
- 投機筋（投機マネー）➡ 銀行、年金基金、生保・損保、ヘッジ・ファンド

4-6 季節や一定の時期による為替変動の話

内外金利差や国家間の対外取引などの、経済ファンダメンタルズ（基礎的要因）に外国為替レートが触れることを説明してきましたが、そのような要因とは違った事情の下でレート変動が生じる、といった話も市場では多く聞かれます。

▶▶ 12月の為替相場

「3-9節」では、銀行も投機筋に含まれることを説明しましたが、外資系銀行に勤める為替ディーラーの中でも、自己勘定でポジションを積極的にとって収益を上げるディーラーをプロプライアトリーディーラー（プロップディーラー、ポジションテイカー）といいます。彼らは、スポーツ選手のような年間契約になっており、1月に新しいポジションを取り、12月に差し掛かる頃にはポジションをスクウェア（クローズ、手仕舞うこと）するという特徴をもっています。

そういうことから、サンクス・ギビング（アメリカでは11月第4木曜日）前から、12月上旬に掛けては、外国為替市場の主役でもある外国人ディーラーたちの休暇突入と共に、**市場参加者減による流動性の低下**（取引量の減少）が生じます。その結果、為替レートは上下に振れ、急騰や急落といった事例も生じることがあります。

▶▶ 市場参加者が少ない時間帯

基本的に、このような季節や時間帯などの要因は、季節や時間帯自体そのものよりも、**取引の流動性が低下することから生じている**ので、そのような視点（流動性が低下する時期）をもっておくのは重要なことかも知れません。

日本の連休を例えに出せば、4月下旬からのゴールデンウィークや、8月のお盆休みなどが良い例で、市場参加者が少なくなっていますから、海外の投資家から投機的な仕掛けをされ、為替レートが大きく変動することもあります。

1日の外国為替市場でいえば、NY時間から東京市場が開くまでの、（日本時間）早朝の時間帯（4時から6時など）や、東京市場から欧州市場に移行する（日本時間）16時から17時に掛けてなど、**主要市場が移動する時間帯は、市場参加者が少ない**

4-6 季節や一定の時期による為替変動の話

ので、為替レートの変動幅（ボラティリティ）が大きくなることもあります。

抜け目のない海外投資家は、そのような**取引の薄いタイミングを狙って投機的な動きを仕掛けてくる傾向にある**ので、FX取引の初心者の方などは、特に注意が必要だといえるかもしれません。

流動性が低下した市場のリスク

お正月
祝日
クリスマス休暇
夏休み

想定外の値段で売買してしまう。

普段より大きな利益が出せる一方、損も大きい。

市場参加者が極端に少ない
・売買が約定しにくい
・値動きが荒くなる

▶▶ 日本企業のリパトリエーションが集中する時期

「リパトリエーション（Repatriation）」というのは、本来「本国への帰還」という意味合いであり、外国為替市場においては、海外に投資していた資金を本国へ送金、自国通貨へ換金する、といった意味合いで使われます。リパトリエーションは、簡素にリパトリと呼ばれることが多いです。

日本企業の決算期は、**中間決算期末が9月末、通期決算期末は3月末**、という形態がほとんどですが、その時期には日本企業が決算を確定する目的で、海外小会社で得た利益を本国（日本）へ還流させるということが行われます。今現在では四半期決算の企業がほとんどですが、その中でも中間決算や期末決算の時期（9月末・3月末）は重要な位置付けとなるので、この時期は特にリパトリエーションが生じやすい、ということになります。決算数字を上げるために、海外小会社からの利益だけでなく、投資していた外貨資産を売却し、利益を確定、円換算するといった行為も行われますが、つまり**3月末・9月末は「日本企業による円買い」**が行われている、ということになります。

ドル円レートの例でいえば、逆に米国企業の期末決算は12月末になるので、米国企業のリパトリエーション「米国企業のドル買い」は11月から12月にかけて盛んになります。

▶▶ 米国債の償還に基づくドル安の話

　一般的に**米国債（United States Treasury security）**と呼ばれている、アメリカの財務省が発行している証券は、基軸通貨である米ドルの運用先として、世界中の投資家から絶大の信頼を得ています。

　そのことから、世界の金融市場において圧倒的な流動性を誇っているわけですが、その米国債の償還や利払いが集中するのは、年間で見た場合、**2月・5月・8月・11月における各中旬**ということになっています。このため、米国債に投資している世界各国の投資家が、米国債の償還や利払いを受けて自国通貨へ換金するといった「ドル売り取引」が囁かれることがあります。

　しかし、「1-4節」（外国為替を米ドルベースで考える）でも触れたように、世界各国政府は外国に支払う債務の返済や輸入代金の支払いとして、外貨準備高を積み上げており、その多くが米ドルであったり、あるいは米ドルを米国債に投資し、ストックとして保有しています。よって、外国為替レートに大きな変動を起こす可能性のある、各国政府などは、米国債の償還や利払いが行われたとしても、自国通貨に換金せず、そのまま米ドルとして保有するケースがほとんどであり、実際にこの時期に顕著なドル安が生じる、というわけでもありません。

▶▶ 特定の時季になると出てくる話

　日本企業や米国企業のリパトリエーションの話もそうですが、1日に5兆ドル超の取引が行われているという外国為替市場において、このような周期的な円買いやドル売りの話というものは、実際の金額ベースで見た場合には微々たるものに過ぎず、**外国為替市場の「部分的な話題材料」という位置付け**だといえるかも知れません。その時期になると、この手の話が市場に流れることもあり、大きく報道されれば、それに便乗した取引が行われる、といった類の話になります。

4-6 季節や一定の時期による為替変動の話

　この手の話を細かく持ちだせばきりがありませんが、「日本のゴールデンウィーク・お盆休み・年末年始休暇などには、海外旅行に行く人が増えるので、円売り傾向となる」といったものや、「日本企業のボーナスシーズンには、金融機関のキャンペーンに応じて、海外の金融商品に投資する人が増加するので、円売り傾向になる」といったものなど、たくさん出てきます。

　冒頭で説明した、「取引の薄い時間帯に為替レートが大きく動くことがある」という事例は紛れもない事実ですが、日本企業のリパトリエーションの話や米国債の償還・利払い時期の話（その時期に円買い・ドル売りが為替レートを動かす）などは絶対的なものではありません。あくまで、各国の経済情勢や金融政策など、強い構造要因が重要になります。

　つまり、大規模な外国為替市場を各々の短期的な事例のみで動かすのは不可能だということになります。

　このように、季節や周期的な一定時期における為替レート変動の話は、**「そのような市場の話が存在する」といった気持ちで、冷静に見る**ことが重要かもしれません。

季節や特定時期における為替レート変動の話

季節や特定時期における為替レート変動の話

- 日本企業のリパトリエーション時期（円買い、円高要因の話）
  3月末
  9月末

- 米国債償還・利払い時期（ドル売り、ドル安要因の話）
  2月中旬
  5月中旬
  8月中旬
  11月中旬

- 日本の大型連休・ボーナスシーズン（円売り・円安要因の話）
  4月下旬から5月初旬
  8月中旬
  年末年始
  各企業における夏・冬のボーナス時期

市場が注目する
国家の通貨誘導政策

　第4章では、為替レート変動要因を列挙しましたが、第5章はその続き、といえるかもしれません。しかし国家が意図的に、自国に有利な為替レート誘導を行う、といった意味において、第4章と区別し、詳しく解説したのがこの第5章になります。

　「為替介入」といっても、その形態は、見る視点によって複数に種別され、またその形態によって為替レートに与える影響も異なってくることになります。

　為替介入は、外国為替市場参加者にとっても一大イベントですが、この章では、その形態・仕組み・効果などを考察していきます。

5-1 為替介入

為替介入とは、その国の政府が景気回復を図る目的で、外国為替市場において、通貨を売買することです。正式には、「**外国為替平衡操作**」といいますが、ただ単に「**市場介入**」といわれることもあります。国家としての為替政策になるので、外国為替市場を見通すうえで、欠かせないイベントだといえるでしょう。

▶▶ 機能しない「変動為替相場制のスタビライズ機能」

「1-5節」において、「為替レート変動の問題はその国の経済全体の問題」と説明しましたが、外国為替市場において、急激な為替レートの変動が生じている場合には、国家の対外取引（貿易）に不均衡が生じます。

もともと、変動為替相場制（「1-9節」）には、各国における**国際収支の不均衡を是正するスタビライザーとしての役割が期待**されていました。

例えば、日本がアメリカに自動車をたくさん輸出すれば、自動車を売った日本は黒字に、買ったアメリカは赤字になります。「3-7節」（経常収支と為替レート）で説明したように、一方の国が黒字になれば、その国の通貨は買われる傾向にあります。理由としては、取引で得た外貨（米ドル）を自国通貨へ交換するといった行動に繋がるからです。

その結果、論理的には、日本の自動車が一方的にアメリカに売れ続けることはない、ということになります。なぜなら、自動車が売れ続けた結果、日本の通貨（円）はどんどん（米ドルに対して）高くなり、買う側（アメリカ）としては自動車の価格がどんどん上昇するので、買い控えるようになるからです。

仮にそのような変動相場のスタビライズ機能（国際収支の安定化機能）が成り立つのであれば、円が一方的に高くなることはないのですが、現実問題として、外国為替レートの決定要因は複数存在し、あくまで諸要因によって決定されます。

よって、もともと国差収支の不均衡是正を期待されていた変動為替相場制ですが、**必ずしもスタビライズ的機能が果たせているというわけではなく、各国政府による通貨介入が行われる**ことがしばしばある、ということになります。

▶▶ 政府による為替介入

「為替介入」とは、その国の中央銀行が、外国為替市場で、為替レートを意図する方向へもっていくために、通貨を売買することです。国策として外国為替市場に介入するため、その取引規模が為替レートに与える影響は大きく、当該国のみならず、世界中から注目されます。

日本の為替介入政策は、前述のように日本銀行がその実務を担当していますが、これは**財務大臣の権限において実行**されます。つまり、財務大臣の指示を受けた日本銀行が代理業務を行っている、ということになります。

実行するのが日本銀行なので、よくTVや新聞などで「日銀による為替介入」と報じられることがしばしばですが、具体的には「政府・日銀の為替介入」または、「**政府の為替介入**」といったものが正確な表現になります。

▶▶ 為替介入の流れ

財務大臣の指示の下に日銀が実行すると説明しましたが、財務省内において、実際の為替介入政策を担当しているのは、**財務官を筆頭とした財務省国際局為替市場課**になります。実行する日銀内において、現場を担当するのは、**日銀為替課**です。

日銀為替課は、外国為替市場を中心とする国際金融情報を常にモニタリングしており、情報収集に努めています。

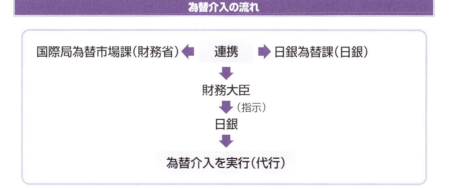

為替介入の流れ

5-1 為替介入

実際に為替介入を行う場合には、日銀為替課の保有する国債マーケット情報を財務省の為替市場課に提供し、効果的な介入を実現するために、**財務省の為替市場課と日銀の為替課が緊密に連携**し、最終権限者である財務大臣の決定によって、指示を受けた日銀が為替介入を実行する、といった流れになります。

▶▶ 為替介入の実務（円売り介入）

財務大臣の指示によって、為替介入を遂行する日本銀行ですが、その介入資金は、外為特会（外国為替資金特別会計）といわれる政府の特別会計を用いて実施されます。

為替介入には**通貨安介入**（円売り介入）と**通貨高介入**（円高介入）とがありますが、例えば、「1ドル90円」から「1ドル95円」へと「通貨安介入」をする場合には、財務省が**政府短期証券（FB＝Financing Bill）（国庫短期証券）**という満期の短い国債（償還期限3ヵ月－6ヵ月）を発行して資金を調達します。

この場合、債券市場で発行し、民間の金融機関から資金を調達するケースと、日銀にFBを直接引き受けてもらって（日銀から）資金を調達するケース、また、FBを債券市場で発行し、売れ残った場合は日銀が引き受けるケースなどもあり、実際の介入時には、そのときに応じた調達手段が採られるようです。

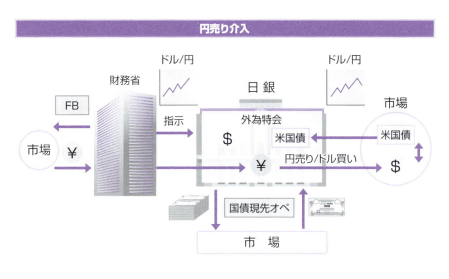

円売り介入

ちなみに、国債を日銀が直接引き受けることは、財政法により原則禁止とされていますが、FBについては例外とされており、これによって政府は日銀から資金を調達できる仕組みとなっています。

この場合調達資金というのは当然「円」になるわけですが、調達した財務省の円資金を市場で売却するのは、為替介入を代行する日銀になります。前述のドル円レートを通貨安誘導したい場合には、日銀が市場で円資金を売却してドルを買い取ります。

介入資金はその都度違っており、金額が事前に決まっているわけではありません。

為替介入の金額や時間帯など、その中身を事前に、外国為替市場参加者へ伝達していたとすると、手の内が参加者にわかってしまうので、為替介入実施後に介入金額等がわかるようになっています。これは、政府が意図する方向へ為替レートを誘導するための措置になります。ちなみに、介入金額が大きければ、通貨安に大きく誘導できるかといえばそういうわけでもなく、あくまでその時々によって為替レート変動の大きさは違う、ということになります。

▶▶ 円買い介入（ドル売り介入）

円安に誘導するために円を売るのであれば、円高に誘導するためには、逆に考えれば**ドルを売って円を買う**（通貨高介入）、ということになります。

ドルを売りたいのであればドルを保有していることが前提になるのですが、「1-4節」で説明したように、世界各国政府は、債務の返済や支払い準備として外貨準備高を積み上げており、その内訳的には米ドルが多勢を占めています。

日本の外貨準備高も例外でなく、そのほとんど（約7割といわれている）は米ドルが占めているのですが、前述した日本の円売り介入で買ったドルの、そのほとんどは米国債に変えられることになります。つまり、**円売り介入で買った米ドルは、米国債として資金運用されている**のです。

急激な円安が進行した場合には、円売り介入とは逆に、このドル資金（米国債）を外貨準備から取り崩し、市場で売却します。円売り介入とは逆に、ドルを売って円を買うわけです。これを**円買い介入（ドル売り介入）**といいますが、日本でいう為替介入とは、歴史的にも円売り介入がほとんどでしたので、円買い介入は「逆介入」と呼ばれることがあります。

5-1 為替介入

● 直接介入と間接介入

「1-8節」で説明した、外国為替市場におけるインターバンク市場参加者の中に中央銀行が入っていますが、以上のような中央銀行による為替介入はインターバンク市場にて行われます。中央銀行が有力銀行と直接取引を行う直接介入と、ブローカー経由で行う間接介入に分けられます。

▶▶ 海外における為替介入の制度

日本の為替介入は、「財務大臣の権限の下、日本銀行が為替介入を執行する」という説明をしましたが、海外における為替介入の制度はどうなっているのでしょうか？

主要先進国でも為替介入が行われることがありますが、その制度は各地域によって若干違うところがあります。

例えば、アメリカでは、為替介入の権限の所在が財務大臣にある日本とは違って、その権限は、財務省と中央銀行（FRB）に与えられています。

欧米各国の為替介入の制度

	米国	ユーロエリア	英国
介入の決定	政府〈財務省〉及び連邦準備制度理事会（FRB）…ただし、政府に優先権。	欧州中央銀行（ECB）…介入は、蔵相理事会が策定する一般的指示権と整合的である必要。ただし、一般的指針は、(1) ECBに諮問した後、決定されるほか、(2) 物価の安定の目的を妨げるものであってはならないとされている。	政府〈大蔵省〉及びイングランド銀行（BOE）…ただし、BOEの介入は、金融政策目標達成に必要な場合に限定。
介入実務の執行	ニューヨーク連邦準備銀行	ECB、各国中銀	BOE
介入勘定等	政府〈為替安定化基金〉及びFRB（通常、それぞれが介入金額を折半）。介入については、四半期毎に議会報告（Federal Reserve Bulletinにも掲載）。	ECB	政府〈為替平衡勘定〉及びBOE。介入については、月次ベースで大蔵省のホームページ上で公表。

イギリスもアメリカ同様、財務省と中央銀行（BOE）にその権限が与えられており、ユーロ圏では、その地域の中央銀行であるECBが権限を握っています。しかしそのECBも、ユーロ圏の財務省会合（ユーログループ）が策定する指示権と整合的である必要があり、単独の裁量権を有しているわけではありません。

アメリカにおいても、財務省と中央銀行（FRB）に権限が帰属していますが、最終判断は財務省に委ねられることになります。

しかし、アメリカ・イギリス・ユーロ圏と、日本以外の主要3ヵ国（または地域）は、そのような多少の違いはあれども、**財務省および中央銀行という2つの組織に最終権限が帰属**していることには変わりありません。為替介入の決定に関し、財務省が主体的に判断する日本と、この3ヵ国（地域）では以上のような違いがあります。

そして、アメリカ・イギリス・ユーロ圏の為替介入を実行するのは、それぞれの地域の中央銀行であるFRB（NY連銀）・ECB（各国中銀）・BOEになります。

その調達資金（介入勘定）ですが、日本は政府（財務省）の勘定でしたが、上記3ヵ国（または地域）では、介入決定権を持っている媒体の資金で実行されます。

アメリカは政府管理の為替安定化基金、およびFRB資金。イギリスは、政府管理の為替平衡勘定、およびBOE資金、ユーロ圏はECB資金、といった具合です。

日本も、為替介入の最終決定権をもつ主体の勘定で、介入を行う、といった意味では他の地域と同じだといえます。

▶▶ アメリカのFRBとユーロ圏のECB

なお、それぞれの地域において、介入を執行する機関として、アメリカはFRB、ユーロ圏ではECBとしましたが、実際の中央銀行実務を行うのは、FRBの中の**ニューヨーク連邦準備銀行**、ECBでは、ユーロ加盟国における、**それぞれの国の中央銀行**が行います。これはちょっとややこしい話になりますが、アメリカの中央銀行として位置付けられているFRBというのは、「**Federal Reserve Board**」の略で、日本語では**連邦準備制度理事会**と呼ばれています。市場関係者の中でよく使われる「アメリカの中央銀行・FRB」を具体的にいうと、アメリカの中央銀行制度における最高意思決定機関であり、実際の中央銀行実務を行うのは、FRBの下に置かれている12の地区連邦準備銀行（Federal Reserve Banks）になるのです。

5-1 為替介入

　連邦準備銀行は、アメリカ本土において12地区に分割されており、その中で最も重要な役割を果たすのが、第2地区を管轄しているニューヨーク連邦準備銀行になります。そしてそのニューヨーク連邦準備銀行が、財務省とFRBの権限の下で、為替介入を実際に実行する、といった仕組みになっています。

　ECBにしても同様で、ユーロ加盟国にはそれぞれの中央銀行があり、それを統括する意思決定機関がECBになります。実際の中央銀行実務を行うのは、アメリカの中央銀行制度同様、各地域（各国）における中央銀行になります。

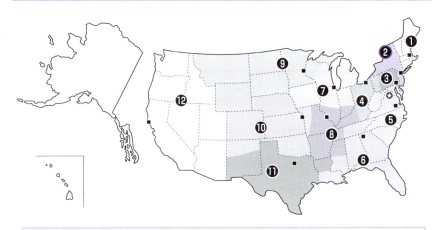

米連邦準備銀行（Federal Reserve Banks）

- 第1地区 ：ボストン連邦準備銀行
- 第2地区 ：ニューヨーク連邦準備銀行（為替介入を実行）
- 第3地区 ：フィラデルフィア連邦準備銀行
- 第4地区 ：クリーブランド連邦準備銀行
- 第5地区 ：リッチモンド連邦準備銀行
- 第6地区 ：アトランタ連邦準備銀行
- 第7地区 ：シカゴ連邦準備銀行
- 第8地区 ：セントルイス連邦準備銀行
- 第9地区 ：ミネアポリス連邦準備銀行
- 第10地区：カンザスシティ連邦準備銀行
- 第11地区：ダラス連邦準備銀行
- 第12地区：サンフランシスコ連邦準備銀行

なので、為替介入の実行する媒体として、「アメリカはFRB、ユーロ圏はECB」ということに間違いはないのですが、具体的にいえば、そのような構造の下、その制度の中核を成す中央銀行が、実際の実務を行っている、ということになります。

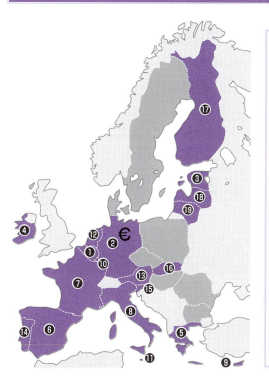

ユーロ圏における各国中央銀行（NCB：National Central Bank）

1. ベルギー国立銀行
2. ドイツ連邦銀行
3. エストニア中央銀行
4. アイルランド中央銀行
5. ギリシャ銀行
6. スペイン銀行
7. フランス銀行
8. イタリア銀行
9. キプロス中央銀行
10. ルクセンブルク中央銀行
11. マルタ中央銀行
12. オランダ銀行
13. オーストリア国立銀行
14. ポルトガル銀行
15. スロベニア銀行
16. スロバキア国立銀行
17. フィンランド銀行
18. ラトビア銀行
19. リトアニア銀行

5-2 単独介入と協調介入

為替介入には、一ヵ国が単独で行う**単独介入**と、関係各国が緊密に連携して行う**協調介入**がありますが、その介入効果は違うといわれています。外国為替相場を見通す上で、この違いを着眼点とすることは重要だといえるでしょう。

▶▶ 一国で実施する「単独介入」

「介入効果」というのは、読んで字のごとく、為替介入が実施されたときの効率性の有無になります。結論からいえば、**一国のみで実施する単独介入は、各国が連携して実施する協調介入と比較して、その効果は薄い**、といわれています。

例えば、近年のドル円相場は2010年10月31日に、史上最安値である1ドル＝75円32銭を付けました。2010年から2011年はそのように大きく円高が進んだ時期でもありましたが、日本政府（財務省）は、そのような「急激な円高」を阻止すべく、2010年（9月15日）、2011年8月4日、2011年10月31日、11月（1日－4日）と単独介入を試みました。

その介入実績は、財務省が発表していますが、2010年9月の介入規模は2兆1249億円、2011年8月は4兆5129億円、同年10月31日は8兆722億円、11月1日～4日に掛けての4日間は1兆195億円という規模でした。

11年10月31日から11月4日までの期間を、一連の介入行動（5日連続）と考えれば、そのときの介入規模は9兆円規模（9兆916億円）、となります。

そして、この3度の介入実績が示しているのは、それぞれ、**その時点での過去最高介入額**だったということです。

過去最高額を投入し続けた日本政府（財務省）の為替介入でしたが、しかしその効果は薄く、円安誘導は短期間しか続きませんでした。3度の介入のうち、最後の介入金額は9兆円超という大規模介入でしたが、それでも効果は限定的だったのです。

これには、「2-2節」で説明したように、為替取引の規模が1日あたり5.1兆ドル（約560兆円／1ドル＝110円換算）と、年々巨額になっていることが挙げられます。それを考えても、9兆規模の為替介入は、為替レートを誘導するには不足してい

ると言わざるを得ません。3度の為替介入は、その効果がどれも1週間～2週間しか続かなかったことから、単独での介入規模は、「海の中に石を投げるようなもの」と揶揄されることもしばしばです。さらには、その規模だけでなく、介入の時間帯や継続性の問題もあります。

単独介入は、どうしても為替介入を実施するその国の取引時間（日中）が中心になりますから、**24時間取引されている為替レートを誘導するには、海外市場を運営する海外の通貨当局の協力が欠かせません**（協調介入）。

近年における日本の単独ドル売り介入

※単独介入の効果は限定的

▶▶ 関係各国が連携する「協調介入」

協調介入の代表的な成功例としては、「1-9節」で言及したプラザ合意によるG5によるドル売り介入になります。先進5カ国によるドル売り介入の継続によって相場を押し下げることに成功しました。合意が成された1985年9月のドル円レートは240円ありましたが、1987年末には120円水準と、半値まで下がったことは既に述べた通りですが、協調介入することで、24時間動いている外国為替相場のトレンドを、継続的に転換させることに成功したのです。

5-2 単独介入と協調介入

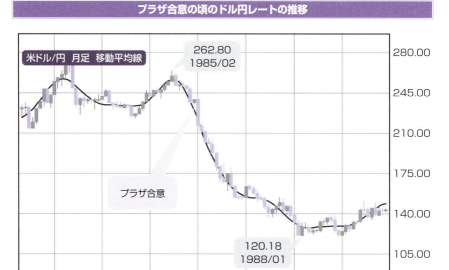

プラザ合意の頃のドル円レートの推移

　1995年にも、協調介入が成功した例があります。4月に79円台まで円高が進んだ円相場でしたが、同年9月には100円台へと円安へ振れています。その後も円安トレンドは継続しました。

　当時、協調介入を主導したのは日本では(旧大蔵省)国際金融局長だった榊原英資氏。米国の財務長官であったロバート・ルービン氏も「ドル高はアメリカ経済にとって有益」と発言しており、米国側もドル高を望んでいたという利害の一致がありました。

　さらには途中、ドイツも円売り介入に加わっており、先進各国が協調する介入の効果のほどが窺えます。結果として、半年も経たないうちに20円も円安誘導したことになるからです。

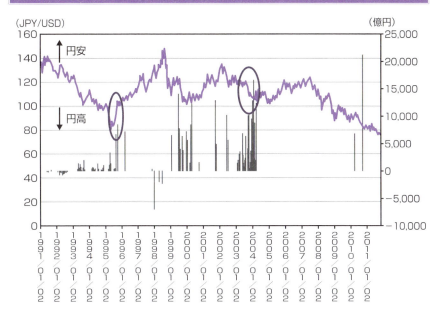

▶▶ 米国容認下での単独介入

なお、2003年5月から2004年3月に掛けて、日本政府が継続的に円売り介入し続けたことがあります。その介入総額は35兆円という大規模な金額に達したことから「日銀砲」といわれました。

当時、日本の財務官だった溝口善兵衛氏と米国の財務次官であったジョン・テイラーが綿密に連絡を取り合い介入を続けたことから、日米の協調介入と思われますが、実際には米国容認の下での日本の単独介入でした。そのようなことから、この日銀砲は、溝口・テイラー介入とも呼ばれていますが、**大規模な資金を使った挙句に、円安誘導できなかったという、単独介入の典型的な失敗例**になります。溝口・テイラー介入は、当初、米国容認の形を取っていましたが、03年9月のドバイG7、04年2月ボカ・ラトンG7と、立て続けに先進各国から、為替誘導に対する強い批判が出たため、この大規模介入は、実行することすらできなくなりました。結果として介入継続の間は円安どころか円高が進行しました。

5-2 単独介入と協調介入

　大規模介入実施後の、2004年11月から円安転換していますが、これは皮肉にも、米国の中央銀行であるFRBが連続的な利上げをした結果となっています。

　なお、数ヵ月で20円の円安に成功した1995年の協調介入の資金は6兆円を下回っており、円安どころか円高が進行した2003年5月－2004年3月の溝口・テイラー介入は35兆円となっています。テイラー氏はのちに、自身のブログの中で「その経験から、このような大規模介入は繰り返すべきではない」と主張しています。

　結局のところ、介入資金をいくら大規模なものにしたところで、関係各国の同意が得られなければ為替介入には効果がない、ということです。政府が為替介入を行うときは、「投機筋によって、行き過ぎた為替変動が生じている」のを名分とすることが主ですが、外国為替市場参加者からすれば、トレンドに反した**政府の介入行為の方が投機筋と見做される**ことになります。政府が投機筋と見做された結果、**市場参加者は反対取引をして利益確定の動きに走る**ので、結果として介入効果は打ち消されてしまいます。

　これらを背景として、2011年11月を最後に日本の介入実績はありません。

　なお、2011年3月18日には、アメリカ・カナダ・イギリス・ユーロ圏の中央銀行との協調介入が行われていますが、これは3月11日に日本国内で起こった東日本大震災によって急激な円高が進行したことが起因しています。自然災害という不可抗力によって生じた円高を抑え込むためでしたが、必ずしも関係各国の利害は一致していませんでした。

　言い方は悪くなりますが、しぶしぶ協調介入せざるを得なかったため、本気度という意味において協調介入とはいえず、継続することはありませんでした。これは、その後に実施した日本政府の為替介入（2011年8月）が単独介入であったことからも明らかです。

　協調介入が実施されるときでも、各国がどこまで本意の下、実施しているのかどうか見極めることも必要かもしれません。

5-3 不胎化介入と非不胎化介入

　為替介入を行うことで、民間銀行保有の貨幣量に変化が生じるときがありますが、貨幣量に変化が生じれば、金利に変化が生まれ物価の変動に影響を与えます。

　そのようなことから、金利や物価に変化を与えず、為替レートのみに影響を与えることを意図する為替介入を**不胎化介入**、金利や物価に変化を与え、一層の通貨誘導を意図することを**非不胎化介入**といいます。

　単独介入や協調介入というのは為替介入を、実施するその主体別に分けて考えたものですが、不胎化介入や非不胎化介入というのは、為替介入実施によって生じる貨幣量の変化に着目した区分けになります。

▶▶ 不胎化介入とは？

　一般的には聞き慣れない「不胎化」という言葉ですが、本来「胎」とは既婚女性の母体に子供が宿ること、つまり妊娠してお腹が大きくなる、などをイメージする言葉です。例えば、「5-1節」で説明したように、円売り介入の場合で、政府短期証券（FB）を政府（財務省）が日銀に引き受けてもらった場合など、新規にお金（円）が生み出されることになるので、貨幣量（ベースマネーといいます）が増加することになります。

　貨幣量が増える・胎化する（大きくなる）ことから、**これを原因として金利や物価に変化をもたらす可能性**が出てきます。

　中央銀行の本来の役割は、物価の安定ですから、為替レートを変動させたとしても急激な金利・物価変動は望みません。そのようなことから、中央銀行が為替介入を実施しても、胎化したベースマネー（貨幣量）を、「3-4節」の中で説明した「売りオペ」によってその貨幣量を吸収します。

　円買い介入（ドル売り介入）も同様で、日銀が東京市場でドル売り介入を行うと、ドルが売却されるのと同時に、円資金がその代金として吸収されます。**不胎化政策は、ベースマネーに変化を与えないことを目的**としたものですから、減ったぶんだけ補う必要が生じ、買いオペで円を市中に供給します。

　重要なのは、介入によってベースマネーに変化を加えない、ということです。

5-3 不胎化介入と非不胎化介入

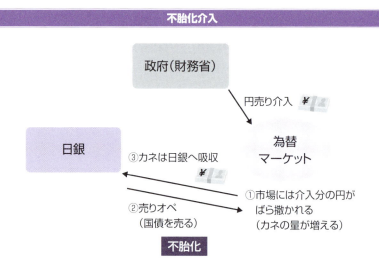

非不胎化介入とは？

非不胎化介入とは、介入によって増減した貨幣量（ベースマネー）を、日銀のオペレーションで相殺せずに、放置することです。

不胎化介入では、介入によるベースマネーの増減を、国債の売買（オペ）で相殺しますが、相殺せずに貨幣量（ベースマネー）をそのまま放置しておけば、その効果（通貨誘導）が不胎化介入よりも大きくなる、といわれています。

2つの政策の実質上の効果

不胎化介入と非不胎化介入の違いは、ベースマネーを増減させるか否か、といった点であり、非不胎化介入の方が効果がある、という結論ですが、これはあくまで介入からオペレーションまでの流れの中での話になります。介入したのち、ベースマネーを増減させるか否か、ということでは不胎化政策よりも非不胎化政策の方が効果がある、という話なのです。

どういうことかというと、例えば円売り介入などの場合で、日銀がその効果を狙って非不胎化介入を実行し、ベースマネーを拡大させていたとしても、その資金調達の経緯で、日銀が政府短期証券（FB）を引き受けていた場合など、政府（財務省）は、新規に財務省証券を発行し、速やかに日銀に償還しなくてはなりません。

つまり日銀が売りオペによって吸収せずとも、政府が新規に国債を発行して、その償還資金を民間から吸い上げ、日銀に宛がうので、結局ベースマネー自体は変わらなくなってしまうのです（不胎化）。一言でいえば、日銀が非不胎化介入を行ったとしても、それは**自動的に不胎化政策に変貌してしまう**ことになります。

よって、円売り介入（円安誘導）などの場合、**不胎化政策も非不胎化政策も、実質的には変わらない**のですが、市場が「非不胎化政策の方が効果が高い」と認識していれば、「非不胎化政策を行う」と報道で大きく流れた場合に、大きな市場資金を、政府日銀が意図したい方向へ誘導しやすい、という心理的利点があります。

「3-9節」で説明したように、外国為替市場における投機マネーの力は大きく、このような「市場認識」の方向へ動くことを考えれば、市場でどういうものが材料視されているか、と考えることは常に重要といえるでしょう。

5-4 覆面介入の効果と問題点

為替介入は、政府（財務大臣）が、介入を実施した直後に公にすることが日本の市場慣行となっていますが、政府日銀が、為替介入を実施したとしても公にせず、秘密にしていることがあります。これを**覆面介入**、または**陰密介入**といいます。

▶▶ 公表しない覆面介入（隠密介入）

覆面介入という用語は、マーケットでの正式な用語ではありませんが、市場関係者の中で浸透している用語になります。

覆面介入というのは、その名から想定されるように、秘密裏に介入を行うことですが、結局のところのちのち、財務省から介入実績が発表されます。為替介入を主導している財務省の為替市場課と日銀の為替課を一くくりに**通貨当局**と呼ぶことがありますが、通貨当局が介入した実績総額は一ヵ月ごとに発表されており、また、介入実績の実施日・介入規模・売買通貨など、その詳細については四半期ごとに財務省HPの「外国為替平衡操作の実施状況」で公表されます。

のちのち公表されるにも関わらず、**介入直後に公表しない覆面介入**（隠密介入）というのはどのような効果があるのでしょうか？

▶▶ 市場に警戒感を与える覆面介入

為替介入を行った直後に公表すれば、行った時間帯や規模、それによる為替レート変動幅など研究され、市場に手の内を明かすことになります。逆に、介入した事実を伏せておけば、「介入を秘密裏に行っているんじゃないか？」というような**警戒感を投機筋など市場全体に生じさせることになり、駆け引きの上で有利**になります。市場に「よくわからないまま相場が逆に動いている」といったような不安感を生じさせ、投資家は疑心暗鬼になります。これらによって、政府の誘導したい方向へ為替レートを誘導しやすくなる、といった利点が生じるわけです。

介入直後に発表するのと、ある程度の時間を置いて介入内容を発表するのとでは、**相場の流れに釘をさす時間的効果に違い**が生じます。

5-4 覆面介入の効果と問題点

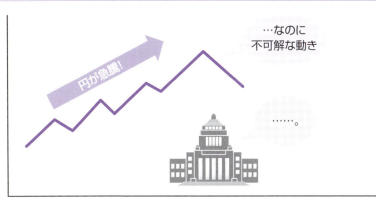

覆面介入には投機筋を牽制する効果がある。

▶▶ 覆面介入は国際社会から批判されやすい

　基本的に、為替介入は、**短期間で急激なレート変動が生じた場合にのみ実施すべき、という国際的な紳士協定のようなものが存在**します。しかし厳格なルールとして禁止されているわけではないので、「急激な変動」とはいってもその定義付けは難しく、一国のみが単独介入を行うにしても結局は、国際協調が不可欠だといえるでしょう。

　そのような中において、国際間の理解を得ないまま、一国独断で為替介入を実施すれば、欧米通貨当局はじめとする海外各国からの反発を招くことは必至です。それが覆面介入だとすれば、尚更です。「5-2節」で言及した2003年5月から2004年3月に掛けて実施された溝口・テイラー介入も、最終的には国際社会からの批判を浴びることになってしまいました（03年9月のドバイG7、04年2月ボカ・ラトンG7）。

5-4 覆面介入の効果と問題点

　その主たる理由としては、各国が自国の状況のみを考慮して為替介入を実施すれば、**通貨切り下げ競争を生じさせるきっかけ**になってしまう、というものです。ブレトンウッズ会議（1944年）によってIMFが誕生したのも、もともとは、1930年代に世界各国で保護主義（ブロック経済）が確立し、**通貨切り下げ競争と共に世界経済が悪化**したことを起因としています（「1-9節」）。

　すなわち、第二次世界大戦の要因ともいわれるそれら保護主義は、国際間において容認されるのは、特定の事情が存在する場合のみ、ということになります。

　日本は2011年11月4日を最後に介入実績はありません。

5-5 口先介入

要人というのは、政治家や、中央銀行高官など通貨当局の関係者などのことです。そのような要人が、外国為替市場への介入を示唆することで、実際には介入せずに為替レートの誘導を図ることを、**口先介入**といいます。

▶▶ 為替介入と口先介入のコスト

為替介入を行うにしても、それなりのコストが発生します。

為替介入のコストとは、例えば円売り介入の場合だと、政府短期証券(FB)を発行して、介入資金を調達することから、その後、償還の為に新たに国債を発行しなくてはなりません。つまり国民への新たな借金によって為替介入を行うことになるのです。為替介入を実施するための資金枠も設けられており(**為替介入枠**)、政府短期証券の発行限度額は、毎年予算によって設定されています。発行限度額から発行済み額を差し引いた金額が、為替介入に利用可能な介入資金になります。

つまり、**無限に為替介入を実施することは不可能**である、ということと、実際に為替介入を実施すれば、**国際的な批判を浴びやすい**、といった難点が存在するために、実際には介入せずとも、政府高官などの要人が「これ以上の急激なレート変動には断固たる措置を採る」といった介入への強いスタンスを示すことによって、急激なレート変動の抑制を意図するのが**口先介入**といえます。これら口先介入の効果をアナウンスメント効果といい、為替介入をせずとも、このようなアナウンスによって通貨誘導することが、仮にできれば、コストなしに目的を果たせるといった大きな利点があります。

▶▶ 口先介入のコスト

現実問題として、口先介入のみで為替レートを誘導するのは難しく、その効果を上げるためには、その前後に実際の「実弾介入」を行うことが必要になります。

例えば、為替介入を実施した後に、「今後も実施する」等のアナウンスを流せば、実際に実施しなくとも、それなりの効果を生み出すことができるからです。

口先介入も批判を浴びることがある

「5-4節」で説明したように、為替介入というのは基本的に国際的な批判にされる傾向にあり、口先介入とてその例外ではありません。口先介入を行ったのち、実際に為替誘導に成功しなければ、関係各国から非難されませんが、口先介入を連発し、実際に為替誘導に成功すれば、そのレート変動が大きければ大きいほど、皮肉なことに口先介入は非難を浴びる傾向にあります。

そもそもの話として、**世界各国の政府や中央銀行総裁などが為替レートの具体的な水準に言及することは実質上、禁止**とされていますが、日本では政府高官などが為替の水準に言及すること(口先介入)が度々あり、主要先進国の中では稀なケースだといえるでしょう。

結局のところ為替レートの決定は「相場の流れに任せるべき」という国際間の暗黙のルールが存在するので、一国が為替レートを誘導しようという姿勢を見せ、実際にレート変動が発生すれば、「為替操作に当たる」と見做されるのが現状です。

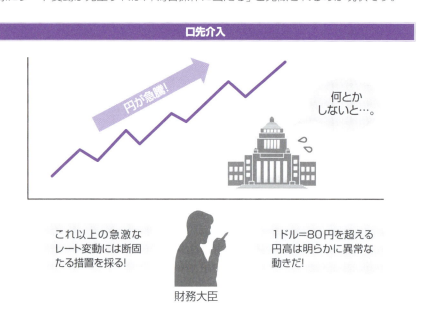

口先介入

外国為替市場を動かす中央銀行の金融緩和政策

　2000年代に入って先進各国における中央銀行の金融緩和政策が注目されるようになりました。とりわけ、米ドル・円・ユーロといった流動性の高いメジャーカレンシーの通貨政策を担っている、FRB・日銀・ECBといった各国が、大型の金融緩和政策を実施すれば、それに伴い外国為替レートも大きく変動するといった現象が続いています。

　第2章でも触れたように、メジャーカレンシーの変動が、外国為替マーケット全体に大きな影響力をもつことを考えれば、それら先進各国の大型緩和政策と為替マーケットの関係について、考慮せざるを得ません。2000年代に入ってから、特に2000年代後半に入ってからの、これら先進各国の大型緩和政策を量的緩和政策と呼ぶことが通例となっています。

　この章では、その量的緩和政策と為替レート変動の仕組み・実際の連動性について考察してみます。

6-1 量的緩和政策とバンドワゴン効果

中央銀行は通常、景気が後退した場合など、短期金利を引き下げること（利下げ）によって、景気刺激を図りますが、**量的緩和政策**（quantitative easing policy）というのは、利下げ余地がなくなった場合において採られる政策になります。為替介入のように、外国為替市場に直接介入するわけではないので、通貨政策というわけではありませんが、為替レートを切り下げる目的で行われている、と市場からみなされることがあります。

▶▶ 量的緩和政策と通貨切り下げ話

量的緩和政策（quantitative easing policy／通称QE）は、日本では2001年、アメリカでは2008年に導入されました。両国共に、**政策金利に下げ余地がない状態で実施された政策**であり、非伝統的政策と呼ばれることもあります。

なぜこの、国内景気の刺激策が外国為替市場に関係するかといえば、「お金の量を増やすことによって通貨が希薄化する」という単純明快な論理が相場で受け入れられているのもその要因になります。

実際には、中央銀行が量的緩和を導入し、買いオペによって民間銀行に資金供給したとしても、その民間銀行が中央銀行にもっている当座預金口座に準備預金残高としてお金が積み上がる傾向にあります（マネタリーベースの増加）。

つまり、**中央銀行が民間銀行に資金供給したお金の量が、そのまま世の中に出回るわけではありません**。世の中の資金需要がなければ、中央銀行が民間銀行に供給したお金は、民間銀行でストップしたまま、ということになるのです。

よって、「お金の量が世の中に出回って通貨価値が希薄化する」といった論理は、実際に成り立たない傾向にあるのですが、①その説明自体が一般的に受け入れられやすいこと、また、②マネタリーベースとマネーストックの違いという「お金の定義」が一般的に認識されにくい、といった主に2つの事情によって、外国為替市場に「量的緩和による通貨安効果」がもたらされていることになります。

▶▶ マネタリーベースとマネーストック

　マネタリーベース (monetary base) というのは、流通現金(日本銀行券発行残高＋貨幣流通高)に、「日銀当座預金」を合わせたものですが、中央銀行が買いオペによって銀行に資金供給すれば、まずは流通現金よりも先に、**日銀当座預金の残高が増加**することになります。　日本のすべての銀行は、中央銀行である日本銀行に当座預金口座をもっており、日銀が買いオペを実施した結果、資金はその当座預金口座に入金される形になります。なので、大規模な買いオペをした場合には、それはそのまま当座預金口座に積み上がることになります。

　マネーストック (money stock) というのは、中央銀行含む金融機関から世の中に供給されている通貨の合計で、通貨の範囲によって4つのカテゴリーに区分けされます(M1・M2・M3・広義流動性)。

　話を簡素化するために、4つの指標の定義はここでは省きますが、**金融機関保有分を除く通貨の合計**ということになりますから、**マネーストックとは「世の中に出回っているお金の量」**ということになります。

　なお、マネタリーベースの流通現金は、マネーストックの現金通貨と異なり、金融機関保有分が含まれますので、「世の中に出回っているお金」といっても、意味合いが異なります。「世の中に出回っているお金」というのは、銀行除く一般法人・個人・地方公共団体など経済主体の保有分になります。

マネーストック―4つの指標

- M1 ＝ 現金通貨＋預金通貨
  （預金通貨の発行者は、全預金取扱機関）
- M2 ＝ 現金通貨＋預金通貨＋準通貨＋CD
  （預金通貨、準通貨、CDの発行者は、国内銀行等）
- M3 ＝ 現金通貨＋預金通貨＋準通貨＋CD
  （預金通貨、準通貨、CDの発行者は、全預金取扱機関）
- 広義流動性 ＝ M3＋金銭の信託＋投資信託＋金融債＋銀行発行普通社債＋
  　　　　　　 金融機関発行CP＋国債・FB＋外債

6-1 量的緩和政策とバンドワゴン効果

▶▶ 量的緩和政策は通貨安政策か？

　量的緩和政策というのは、具体的にはマネタリーベースの中に位置付けられている、民間銀行保有の「日銀当座預金」を増加させ、そこから、世の中に出回るお金（マネーストック）を増やすことを意図しています。しかし前述のように、銀行が融資を渋れば、いくら中央銀行が民間銀行にお金を渡しても、世の中に出回るお金が増加することはなく、結果として通貨価値の希薄化が、実際に生じることはありません。

　したがって、**量的緩和政策は一概に通貨安政策とはいえない**のですが、「大規模な量的緩和によって通貨安が生じる」というアナウンスを市場全体が信じれば、その変動幅の差こそあれ、通貨安が実際に生じることがあります。

お金が出回るかどうかは銀行次第

▶▶ 量的緩和政策とバンドワゴン効果

　基本的に、株式市場などもそうですが、外国為替市場では、実際の事実と異なっていたとしても、市場全体が事実として思い込めば、相場はそのように動く傾向にあります。

　よくわからないまま多くの人が、既に受け入れられている特定の選択肢を選べば、その流行は一層加速する、といった現象が生じることがありますが、外国為替市場ではこのような心理現象が、為替レートを動かす局面が多々見られます。

このような群集心理のことを、**バンドワゴン効果（Bandwagon Effect）**といいますが、これはアメリカの経済学者であったハーヴェイ・ライベンシュタイン氏が、1950年の論文の中で言及した用語になります。**量的緩和政策には、このバンドワゴン現象が生じやすい**のですが、これは専門家の中にも「量的緩和によって通貨安」といった現象を信じている人たちが多いことが挙げられます。

▶▶ 間接為替介入とも取れる量的緩和政策

基本的に、量的緩和政策というのは、国内景気を浮揚させるための景気刺激策であり、前述のように外国為替市場に直接介入するわけではありませんから、正確には**通貨安政策というわけではありません**。しかし、大規模な量的緩和政策によって、バンドワゴン現象が発生し、実際に通貨安となってしまえば、関係各国からは批判の対象となる傾向にあります。

世界的に景気が後退している時期など、内需が低迷している世界各国は、自国通貨安によって輸出を増加させ、景気回復を図りたいといった希望が少なからずありますから、一国だけが通貨安によって輸出回復していれば、「抜け駆け」と見做されることがあるのです。

特定の一国が、直接的に為替介入を実施したいと思っても、単独介入は関係各国から非難の対象となるために、なかなか実行できません。量的緩和による通貨安誘導であれば、「国内向けの経済政策」ということになるので、通貨安を意図していない、といえるのです。

外国為替市場の視点からいえば、為替介入は直接的介入ですが、量的緩和政策は、外国為替市場に与えるその影響を考えた場合には、間接介入ということができるかもしれません。量的緩和を実施する政府としても、**海外からの批判をかわしやすい、といった利点**があるように思えます。

外国為替市場の視点から見た量的緩和
- 為替介入　　➡ 直接為替介入
- 量的緩和政策 ➡ 間接為替介入

6-2 アメリカの量的緩和政策（通称QE）

2000年代および2010年代に入って、先進諸国は利下げ余地がなくなりました。「6-1節」で説明した量的緩和政策（quantitative easing policy）というのは、中央銀行のバランスシートの視点から考えた場合、それ（バランスシート）が拡大することになるので、バランスシート政策と呼ばれることもあります。

▶▶ 為替介入のコストと口先介入

　中央銀行の買いオペによって民間銀行に資金を供給するといいましたが、国債等の証券を中央銀行が保有することになるので、中央銀行のバランスシートは買いオペを実施したぶん、大きくなります。

　外国為替市場で「量的緩和政策によって通貨安」といわれ始めたのは、2008年11月にアメリカの中央銀行であるFRBが大規模な量的緩和政策（以下QE）を実施したのが始まりでした。それ以前には、日本でも日銀が2001年3月から2006年3月まで量的緩和政策を実施していましたが、通貨安にはなりませんでした。アメリカのQE実施（2008年11月）から「量的緩和政策＝通貨安政策」という認識が広がり始めたのは、その実施と同時にドル安・円高基調が始まったからです（下図）。

2008年7月からのドル円レート

6-2　アメリカの量的緩和政策（通称QE）

　アメリカの量的緩和政策はQE1・QE2・QE3と2008年11月から2014年10月まで、3度に渡って実施されました。その間、（QEを実施した）FRBのバランスシートは1兆ドル未満だったものが、4.5兆ドル（2014年12月時点）へと膨張していることがわかります（下図）。

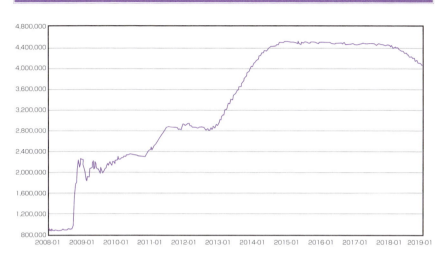

FRBのバランスシート（2014年10月まで　4兆4500億ドル）

　ドル円レートが切り下がり始めたのは、08年の8月からでした。FRBがQEをスタートさせたのは08年11月ですが、同年7月から、信用市場への資金供給プログラムをスタートさせています。つまり、バランスシートが大きくなり始めた時期とドル円レートが切り下げ始めた時期が重なっており、その後もバランスシート拡大と共にドル円レートは下げ続けていることが確認できます。

FRBのバランスシート拡大（08年7月～）
ドル円レート下落（08年8月～）
⬇
「バランスシート拡大（QE）＝通貨安」という定説

6-2 アメリカの量的緩和政策（通称QE）

　このような背景が「QE＝通貨安政策」と市場で認識され始めた要因です。しかも2008年から2012年秋に掛けて、長年に渡ってこの現象が続いた（または続いたように見える）ことが、この定説を根強いものにしてしまった感があります。

　しかし「6-1節」で説明したように、量的緩和政策（QE）を行ったとしても、それがそのまま「通貨の希薄化」に繋がるかというと、必ずしもそうとは言い切れません。繰り返しになりますが、マネタリーベースが拡大（バランスシート拡大）しても、マネーストックが拡大するとは限らないからです。

　実際に、アメリカ（FRB）以前に量的緩和政策（QE）を実施した日本（日銀）では、政策を実行した2001年3月19日から2006年3月9日に掛けて、円安が進行した場面もありましたが、政策を実施した期間全体として見た場合、**どちらかというと円高が進行しているように**見えます（下図）。

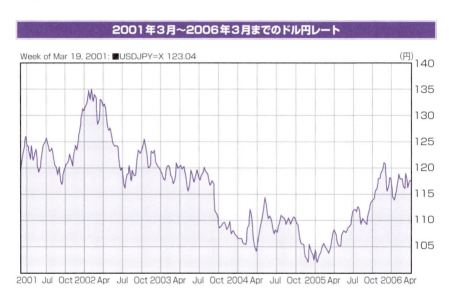

2001年3月〜2006年3月までのドル円レート

　では、なぜ08年の夏から2012年に掛けて、アメリカの中央銀行であるFRBのバランスシート拡大と通貨安（ドル円レート切り下げ）は歩調を合わせた（または合わせた）ように見えるのでしょうか？

▶▶ 政策金利の先行きを反映する米国債2年物金利

　量的緩和政策（QE）というのは、民間銀行保有の国債はじめとする証券を、中央銀行が買い取ることで、民間銀行に資金供給する政策（マネタリーベースの拡大）ですが、アメリカの中央銀行であるFRBも、そのQEによって民間銀行保有の国債を大量に買い込みました。**債券（ここでは国債）というのは、その価格が上昇すれば、利回りが低くなる仕組み**になっていますが、FRBのQEによって価格が上昇した国債の利回りは、数年間に渡って下落傾向となりました。

QE1-QE3実施期間と米2年債利回りの推移

※2013年5月当時のFRB議長（バーナンキ）がQE縮小を示唆

　ここで、米国債2年物の利回りとドル円レートの推移を比較してみれば、その軌道がほぼ一致していることが確認できます。

　アメリカの2年物国債利回りというのは、アメリカ（FRB）の政策金利の先行きに対する見方が反映される傾向にあります。

6-2 アメリカの量的緩和政策（通称QE）

アメリカのQE1-QE3実施期間とドル円レート推移

「3-1節」では、「**資金は金利が低い方から高い方へ移動するので、内外金利差は為替レートの変動要因**」ということと、「**通貨の金利は、その国の政策金利がベース**」という2点に触れています。そしてここでは、その政策金利の先行きを見通す上で、国債利回りがカギを握る、ということと、国債利回りを中央銀行が動かしている、という2点に触れました。つまり、以下のような連鎖が生じることになります（枠内）。

中央銀行の量的緩和（QE）➡ 国債利回りの低下 ➡ 政策金利が低くなる見通し ➡ 通貨安

つまり、

①アメリカのQE（量的緩和政策）というのは通貨の量を希薄化させているのではなく、**国債の利回りを低下させるための政策**で、②その利回り低下が、「3-1節」で説明した「内外金利差」を生じさせる、といった2段構えの論理がここでは成立します。

そして当然ながら、国債の利回り低下（価格上昇）は、株式など他の金融商品と同じように、未来永劫的に進む、といったものではありません。

実際にFRBは、2008年末から2013年現在までに大量の国債を購入していますが、2年物利回りは0.2％から0.25％のところをレジスタンス（抵抗線）として、そこからはなかなか下落しない傾向にあります。2011年の9月（19日）に過去最低値の0.16％まで下落したときがありましたが、ドル円レートの史上最安値は、その次の月（10月）の75.54円になります。そして、FRBはそれ以降もQEを継続し、2013年には、そのバランスシートは一層大きくなっていることが、この章の冒頭の図（FRBバランスシート図）で分かりますが、ドル円レートは前述のように2011年10月が**最安値**になっており、そこからはドル安（円高）が進行していません（2013年8月時点）。

　つまり、量的緩和政策（ここではFRBのQE）によって通貨安、というのは**正確なところでは間違っている**のです。

▶▶ 量的緩和政策によって為替レートが変動する理由

　結論としては、大きく国債を買うことで、利回り低下余地のあった米国債（ここでは2年物）もそれとともに利回りが低下してきたことになります。内外金利差が意識される為替相場（ドル円レート）では、米国債の利回り低下と共に金利差の縮小が意識された、というわけです。

　FRBのバランスシートが拡大すれば、**金利低下を経由してドル円相場は下落し続けてきた**ことになるので、「FRBのQE（量的緩和）によって円高が進行した」ようにも見える、ということになります。そして繰り返しになりますが、米国の国債利回りが下がり切ったところで円高トレンドはストップしています〈2011年9月－10月〉。

　「量的緩和によって通貨の希薄化」ではなく、「**量的緩和によって利回り低下、そして内外金利差の縮小」というのが円高が継続した本当の理由**、だということになります。

6-3 市場が注目するアメリカのTノート

ここでは、「日米金利差」と米財務省が発行する債券との関係を外国為替市場の観点から考えてみたいと思います。

▶▶ 米国債の各セグメント

まず、政策金利が意識される国債、というのを説明しなくてはいけません。前章では米国債2年物を例に出しましたが、**アメリカの2年物国債というのは、米国債の中でも、アメリカ（FRB）の政策金利が意識されるセグメント**になるからです。

ここでいうセグメント、というのは、国債の各カテゴリー（～年物など）のことを指しています。

米国債（United States Treasury security）というのは、アメリカ財務省が発行する債券のことで、ただ単にトレジャリー（Treasury）とも呼ばれています。

各セグメントは、その満期によって分けられており、1年以下の償還期限の物は、すべて割引債であり、Tビル（T-Bills）と呼ばれています。

1年超のものは、何年物であろうとすべて利付債で、1年超～10年以下の中期債はTノート（T-Notes）、10年超（～30年）の長期債はTボンド（T-Bonds）と呼ばれています。市場が注目するのは、その中でも、中期債であるTノートです。

▶▶ 圧倒的な流動性を誇る米財務省中期証券

米連邦政府の信認の下に発行される米国債は、世界各国政府ならびに世界各国の機関投資家などから運用対象とされており、わが国においても外貨準備のそのほとんどは米国債で構成されています。そのような米国債の中でも、市場で圧倒的な流動性（リクイディティ）を誇るのが中期証券、Tノートになります。

10年物利回りは、長期金利という位置付けになっており、米国の、経済成長や財政状態の見方を図る上で注目されています。**世界の債券利回りのベンチマーク（指針）として、その動向が常に注目されており**、債券相場のみならず、株式市場、外国為替市場と、金融市場全般にその影響力を及ぼしています。

10年物と並んで、市場から注目されるのが前述の２年物国債利回りになります。

「内外金利差」は、外国為替レートの変動要因の１つ、としてきましたが、２年物国債利回りというのは前述のように、各国政府の政策金利動向が織り込まれる傾向にあるからです。

外国為替市場では、常に先行きを見通すことが重要になってきますので、実際に日米両国の政策金利に変化がなかったとしても、先行き見通しを反映するこの２年物利回り動向の動きによって、為替レート（ここではドル円レート）が変動する傾向にある、ということです。言い換えれば、**単純に金利の高い通貨が買われるわけではなく、これから金利差がどうなるか、という予想の上で為替変動が起こっている**、ということになります。それを図る上で、米国の２年物利回りというのが重要になってくるわけです。

米国の２年物利回りが上昇すれば、政策金利上昇（利上げ）が見込まれている証、ともいえます。また逆に、利回りが下落していれば、政策金利の下落が見込まれる、もしくは政策金利の上昇が遠い、ということを示唆しています。

FRBのあるエクルズ・ビル

©AgnosticPreachersKid

6-4 日本の量的緩和政策と円安トレンド

前章の説明によれば、日本の中央銀行である日銀が、仮に量的緩和政策を発動したとしても、それ自体を原因として円安トレンドは発生しないことになります。あくまで政策金利が意識される日本国債に利下げ余地があることが前提です。

▶▶ 円安トレンドの発生

米国の量的緩和政策（QE）を直接的原因として、ドル円レートが動いてきたというわけではなく、**米国債利回りの低下によってドル円レートが動いてきた**、と説明しました。特に政策金利の先行きが反映される、2年物国債の利回りです。

当然ながら、日本の金融政策にも同様のことがいえます。同様のこと、というのは、日銀の量的緩和政策によって、いくらマネタリーベースを増加させても、増加したぶん、円安になるとは限らない、ということであって、逆に、**日本国債2年物利回りが低下すれば、円安トレンドが生じる**、ということになります。

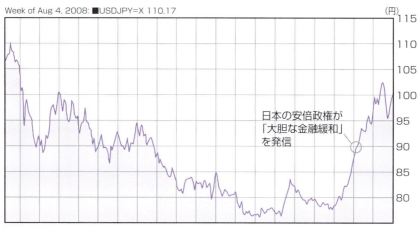

ドル円レートの推移（2008年7月〜2013年7月）

6-4 日本の量的緩和政策と円安トレンド

　2008年7月から2013年7月のドル円チャートを再度確認すれば、2012年末から急激な円安トレンド（ドル円下落）が発生しています。FRBのバランスシートが同時期より大きく拡大しているにも関わらず、です。量的緩和政策で通貨安が起こるのであれば、この時期は逆に円高方向（ドル安方向）に振れておかなくてはいけないことになります。このときに急激な円安トレンドが発生したのは、それまで「0.1％」から下落しなかった日本の**2年物国債利回りが、急激に下落したことが原因**ですが、急落の理由は、2012年末に誕生した新政権（第2次安倍政権）が、中央銀行（日銀）が大規模な量的緩和を行う、と発表したことが挙げられます。

米2年物国債の利回りの推移

FRBのバランスシートの推移

FRBバランスシートは大きくなり続けているが、日銀の量的緩和アナウンスによってドル円はドル高円安に。

どういうことかと言えば、「大規模な緩和を実施する」とアナウンスしたことで、いち早く、先行きを見通す国債市場参加者、および外国為替市場参加者たちが、相場に織り込んだ、ということになります。具体的には、アナウンスと同時に大規模緩和は、実際には実施されていないのですが、（2年物含む）日本国債が、日銀から大きく買われることが見通され、2年物利回りは大きく低下しました（国債価格は上昇）。

つまり、0.25％水準に位置するアメリカの2年物国債と、0.1％から大きく割り込んできた日本の2年物国債の利回り格差が広がったことによって、急激な円安トレンドが発生したことになります。

▶▶ 中央銀行による金融抑制

債券相場というのは、株式相場等と同様、ある程度の高値圏になれば、「売り逃げ」が発生します。日本国債市場も同様で、その大規模緩和への「期待感」から、一時は0.025％という安値水準まで落ち込みましたが（債券価格は上昇）、日銀はその水準を維持できませんでした。

その結果、13年5月には100円を超えたドル円レートでしたが、2年物国債利回りが再度上昇したことで、円安トレンドは足踏みしました。この間、日銀はバランスシートを拡大させ続けています。**量的緩和政策によって、単純に通貨安を引き起こすことはできない**、といった事実が証明されたことになります。

日本の2年物利回りが上昇したのであれば、再度円高トレンドが発生しなくては、矛盾が生じますが、このとき、なぜ再度円高トレンドにならなかったのかといえば、米国の2年物利回りが急激に上昇したからです（次ページ図）。

繰り返しになりますが、このとき、日米どちらの政策金利も、実際には変動はありません。しかしそれを織り込む国債利回りの差が激しく変動したことで、為替レートは動いたことになります。量的緩和政策というのは、その利回りを動かす（または動かすことを意図する）政策ですが、**実際に利回りを低下させられるかどうかは、そのときの経済情勢が大きく関係する**ことになります。外国為替市場で注目されるのは、このように、内外金利差、具体的には各国の中期債（利回り）が為替レートの指針として見做されている、ということになります。

6-4 日本の量的緩和政策と円安トレンド

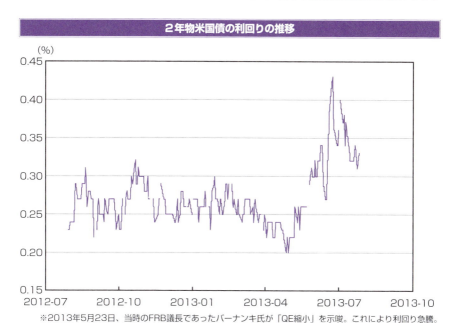

2年物米国債の利回りの推移

※2013年5月23日、当時のFRB議長であったバーナンキ氏が「QE縮小」を示唆。これにより利回り急騰。

第6章 外国為替市場を動かす中央銀行の金融緩和政策

6-5 ECBの量的緩和政策

欧州中央銀行（ECB）の量的緩和政策は、日米の中央銀行における量的緩和政策とは、少々違ったものになります。経済状態と通貨の変動が一致しないユーロ相場の難しさは欧州中央銀行が創り出している、といっても過言ではありません。ここではそのECB独自の金融政策について説明します。

▶▶ ECBの条件付きオペレーション

　量的緩和政策というのは、一般的に中央銀行のバランスシートが大きくなるような、市中への資金供給政策を指します。

　日本や米国の場合には、その国の国債やその他証券を、中央銀行（FRB・日本銀行）が買い取ることでバランスシートを大きくし、市中へ資金供給することになりますが、ユーロ圏中央銀行であるECB（欧州中央銀行）の場合には、日米のように、国債等を買取ることに難色を示す傾向にあり、**そのオペレーションは条件付きの形態を採ることがほとんどです**。

　条件付きの取引というのは、仮にECBが民間銀行等から国債等の資産を買い取ったとしても、売り戻しの条件を付けている、あるいは、民間銀行から担保を取った上での貸出、となります。日米のように、ただ単純に（国債等の）資産を買う訳ではないので、一定期間時間が経てば、いったん市場に**供給した資金はECBの下へ戻ってくる**ことになります。つまり、マネタリーベースを拡大させ、その結果、中央銀行（ここではECB）のバランスシートが大きくなったとしても、あらかじめ設定された期間が迫れば、マネタリーベース、すなわち世の中に出回るお金は再び吸収されます。

▶▶ 通貨価値の防衛・物価安定を最優先するECBオペ

　日米の中央銀行が実施する量的緩和政策と違い、ECBの緩和政策は、なぜこのような「マネタリーベースの吸収」を前提としているのでしょうか？

　それは、「2-6節」の中、「ユーロとドイツ連銀」の項目で説明したように、ECBのスタンスは、**ドイツ連銀のスタンスを踏襲している**からに他なりません。

6-5 ECBの量的緩和政策

　インフレ抑制と、通貨価値の絶対的安定を掲げているドイツ連銀のスタンスが、ECBのオペレーションにそのまま反映されているからです。世の中に供給したお金の量を、そのまま放置しておくことは、インフレに繋がるといった考え方が、ECBのオペレーションを独自なものにしている、ということになります。

　それを考えれば、「マネタリーベースは中央銀行が操作する」という一般論は、ECBでは通じないことになります。なぜなら、前述のようにECBの量的緩和政策（バランスシート拡大政策）は、その期間に違いはあれども、担保付貸付となるので、貸し付けた金融機関側の都合によって、その供給された資金がECBに返済されれば、当然ながらECBのバランスシートは縮小、マネタリーベースも減少することになります。

　飛躍した言い方をすれば、ECBの量的緩和政策の場合には、「**民間銀行がマネタリーベースを操作する**」側面が介在している、ということになります。

　日銀やFRBの量的緩和政策では、政策実施の下、国債金利の低下を経由して為替レートの変動が生じました。しかし、ECBの場合には、いったん量的緩和政策を発動しても、金融機関が短期金融市場から、その貸し付けられた資金を返済することになりますので、市中金利の上昇につながります。

　つまり、ECBは量的緩和実施時には、当然、市中金利（短期金利）を低くし、世の中に出回る流動性（リクイディティ）を高めようと意図するわけですが、民間銀行が「借りたお金を早めに返したい」と考えて返済すれば、**ECBの意図とは裏腹に、短期金利は上昇する（引き締め）**ことにつながるのです。このことによって、ユーロ相場は上昇します。「ECBが意図していないにも関わらず」、というところがポイントになります。

　それを考えれば、ユーロ相場の先行きを見通す上でのECBの緩和政策は、同じ量的緩和政策といえども、日銀やFRBとはオペレーションの内容が異なるので、少々厄介なものだといえるかもしれません。

ECB
©ArcCan

6-6 ECBの量的緩和政策とユーロ相場

ECBの量的緩和政策というのは、2010年からの欧州債務危機（2-7節）の最中に発動された、**3年物LTRO**（Long Term Refinancing Operation）を指すことがほとんどですが、2009年にも1年物の同オペ（LTRO）を実施しています。

▶▶ LTROという量的緩和政策

　繰り返しになりますが、市場での共通認識として、量的緩和政策というのは中央銀行バランスシートが急激に大きくなるような政策を指していますが、その**オペレーションの内容が議論されることはほとんどありません**。債券を買取るオペであろうが、担保付の貸付オペであろうが、バランスシートが大きくなる政策は一くくりに量的緩和政策、QEと呼ばれているのが現状です。

　ECBの場合は、2011年12月（21日）に、初めて3年物LTRO（ロングターム・リファイナンス・オペレーション）を実施しました。それ以前には、1年物LTROを2009年6月に実施（供給額4,500億ユーロ）していますが、量的緩和政策とよばれているのは、この3年物の方になります。バランスシートが大きくなる、という意味においては、09年の1年物LTROも量的緩和政策といえるのですが、その後に、より期間の長い（3年間）オペを実施したことで、こちらの方が量的緩和政策としての市場認識が高まりました。

　2011年12月に実施した3年物LTROの、その応札規模は「4,892億ユーロ」。実にユーロ圏における523行に貸付を行いました。そして2度目の同オペ（3年物LTRO）は、2012年2月（29日）に実施、応札額は5,295億ユーロ、1度目と合わせれば1兆ユーロを超える大規模な量的緩和政策だといえます。応札額と、実際の資金供給額は異なってきますが、ECBのバランスシートはこれによって、短期間で急速に膨張しました（次ページ、ECBバランスシート図）。

　その後の7月には過去最高規模の3.1兆ユーロまでECBのバランスシートは拡大しましたが、その間、日銀・FRBの政策同様に、やはり2年物国債（ドイツ国債2年物）利回り低下とともにユーロ相場が下落し続けていることが確認できます（下図）。

6-6 ECBの量的緩和政策とユーロ相場

LTRO-1、LTRO-2実施時のECBのバランスシートの推移

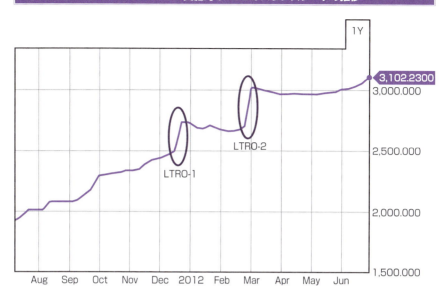

ユーロ相場/ユーロ円レートの推移

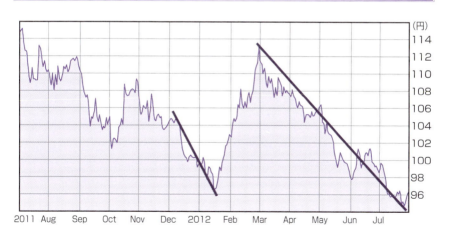

6-6 ECBの量的緩和政策とユーロ相場

ドイツ国債2年物利回りの推移

3つのチャートは、すべて同期間（2011年7月－2012年7月）を表示していますが、多少の誤差はあれども、基本的には①中央銀行のバランスシートが拡大（量的緩和政策）し、政策金利の先行きが反映される②国債利回りが下落、そして③その国（または地域）の通貨が下落しているといった「量的緩和政策から通貨安への序列」がここでも確認できます。

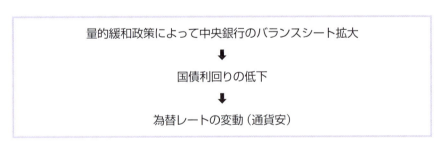

2011年7月時点のドイツ国債利回りは、1.6－1.7％水準でしたが、ユーロ相場（ユーロ円）が、当時の最安値（94円台）を付けた2012年7月下旬には、そのドイツ国債利回りは「マイナス金利」となっていることが確認できます（ドイツ国債利回りチャート）。

6-6 ECBの量的緩和政策とユーロ相場

ユーロ円レートの推移

しかし、前述のようにECBの量的緩和政策は、**マネタリーベースを吸収することを条件**とする傾向にありますので、2012年7月以降、バランスシートの縮小が始まると共に、国債金利の下落トレンドも終了し、それと共にユーロは反発、上昇トレンドに向かいました。

この間、ECBのバランスシートは、ユーロ最安値（94円台）の2012年7月下旬に最大規模（3.1兆ユーロ）に達したのち、ユーロ（ユーロ円レート）が130円台まで反発してきた2013年7月には、2.4兆ユーロまで縮小しています。また、2年物ドイツ国債の利回りは、同時期にマイナス金利から0.2％水準まで上昇しています。

ユーロ相場の上昇は、ECBが望んだものではありません。**金融機関が早期に借りた資金の返済を進めたことから、短期金利が上昇**し、ユーロ相場もそれを反映（ユーロ高）したことになります。日米欧と、中央銀行の緩和政策は、その構造に違いはあれでも、原理がほぼ同じ、ということは外国為替市場の観点から見てたいへん重要だといえるでしょう。

▶▶ ECBもFRB型の量的緩和（QE）に相当する資産買い入れプログラム（APP）を導入

既に述べたように、ECB型の量的緩和政策といわれたLTROは長期貸出の意味合いが強く、民間銀行の返済とともにバランスシートは縮小し短期金利が上昇する

6-6 ECBの量的緩和政策とユーロ相場

(通貨ユーロも上昇してしまう)といった色合いが強かったことから、**2015年1月のECB政策理事会でFRB型の量的緩和政策に相当する資産買い入れプログラム(APP:Asset purchase programme)の導入を決定**しました。実施は3月からです。

FRBと同様、とはいってもECBの場合は**APP実施に加え、マイナス金利政策を並立させた**ことから、実体経済にお金を循環させる、といった姿勢を強く打ち出しました(FRBはマイナス金利政策を採らず)。

つまり民間銀行がECBに法定準備預金として預け入れる際、その法定準備を超過する余剰資金(過剰流動性)の箇所にマイナス金利を適用することで、銀行は**余剰資金を民間部門への融資に回す、といったインセンティブが働く**ことになります。

▶▶ 過剰流動性へのマイナス金利を引き下げるのと同時に資産買い入れ額(APP)も拡大

政策金利と量的政策と2つに分けた場合、時系列的にはマイナス金利をはじめて導入したのが2014年6月(-0.1%)。同年9月(-0.2%)、2015年12月(-0.3%)、2016年3月(-0.4%)と過剰流動性へのマイナス金利幅を段階的に拡大させていきました。

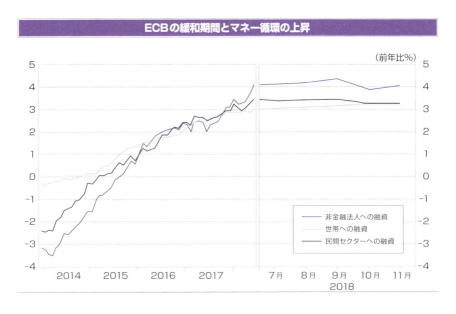

ECBの緩和期間とマネー循環の上昇

量的政策としては、2015年1月にFRB型の量的緩和政策の導入を決定（3月スタート）。月額で毎月600億ユーロの買い入れでした。さらに2016年3月から買い入れ額を800億ユーロに拡大。そして、2017年4月からは、景気回復の兆候から買い入れ継続しながらもその規模を縮小するといった「テーパリング」が始まり月額600億ドルへと縮小、さらに2018年1月からは300億ドル、同年10月には150億ドルへと減速していき、同年12月にAPPは終了しました。

この政策によって、家計や民間部門への融資は拡大しました。ユーロ圏インフレ率（HICP）もAPP導入時（2015年1月決定、3月発動）にはマイナス圏だったのが、2015年4月からはゼロ付近をプラス圏とマイナス圏で推移し、その後2016年半ばからは完全にプラス圏へと反転しました。2017年に入り目標値である2%水準に到達したのと同時に、前述の資産買い入れ減速（テーパリング）へと移行したことになります。（2018年12月にAPP終了）。

通貨ユーロはECBの政策とFRBの政策によってどう推移したのか？

はじめてマイナス金利政策を導入したことによって、通貨ユーロ（対ドル）は急落し始めました。2014年は特に6月、9月と連続的にマイナス幅を拡大させたことからユーロ安が顕著になったのですが、それに加えAPP（資産買い入れプログラム）を導入したものですから（2015年1月決定、3月スタート）ユーロとドルは「パリティ（Parity）」（等価・1対1の均衡）になるのでは？　といわれました。

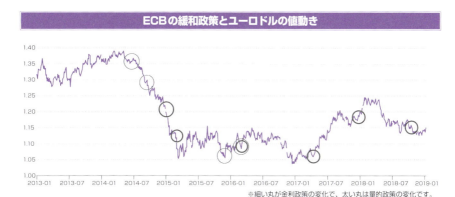

ECBの緩和政策とユーロドルの値動き

※細い丸が金利政策の変化で、太い丸は量的政策の変化です。

6-6　ECBの量的緩和政策とユーロ相場

　ユーロドルが下落した背景には、**ECBの政策だけでなく米FRBが発動したQEのテーパリング（買い入れ規模縮小）がありました**。FRBの買い入れ規模縮小は2014年1月からスタートし、QEは同年10月に終了したのですがECBの政策はFRBのテーパリングのタイミングを見計らったものだった、ということもできます。**2ヵ国の政策が一致したことからユーロは下落しドルは上昇したのです**。それを証明するかのように、2015年以降はECB単独でマイナス金利政策の拡大と量的政策も継続していましたが、**ユーロドルはそれ以上下落することはありませんでした**。

　なお、ECBは2018年12月でFRBを後追いするかのように買い入れ政策を終了させましたが、満期を迎えた債券の再投資は継続する、とアナウンスしています。つまり実体経済への流動性を維持するため、「バランスシートの拡大は無くなったが、その規模は維持する」ということになります。マイナス金利政策の段階的引き上げが次なる「出口戦略」ということになりますが、米中貿易摩擦やら何らかの世界経済にショックが発生すれば、次の段階へはなかなか進まないことが予想されます。総じていえるのは、リーマンショック以降の世界経済、主要先進国はあまりにも大規模な緩和政策に慣れきってしまい、長期間にわたって依存度を深めてしまっていたのです。2019年現在、FRBのバランスシート縮小政策も市場の顔色を窺いながら、という状態になっており、日銀に至っては出口の兆候すら見い出せない状態に陥っています。世界の主要中銀が「完全出口」に至るには更なる時間が必要だということになります。

6-7 中央銀行の「出口戦略」と為替レート

中央銀行の**出口戦略**（exit strategy）というのは、実質上の「ゼロ金利政策」（低金利政策）からの脱却を意味します。つまり**ゼロ金利政策からの「最初の利上げ」**（政策金利の引き上げ）であり、経済状態が上向いたことを示す政策です。

▶▶ 中央銀行の出口戦略とは？

「出口戦略」という用語自体は、いまでこそ金融市場で使用される言葉となっていますが、もともとは1960年代からのベトナム戦争時に、米軍を戦線から撤退させることを意味した用語であったといわれています。

もともと、中央銀行の金融政策の目的は、**平時の状態であれば、金利をコントロール**（利上げ・利下げ）することで、物価・通貨の安定化を図ることにあります。

しかし景気が落ち込んだときなど、金利を連続的に下げ続けた結果、利下げ余地がなくなった場合などは、平時とはいえない状態だといえるでしょう。

このような「経済の非常事態」においては、この章で説明してきたような量的緩和政策を採ります。金融市場では、平時の状態における中央銀行の**金利コントロールを、伝統的手段**、と位置付けており、金利下げ余地が無くなったゼロ金利以降の**量的緩和政策については、非伝統的手段**と認識されています。

つまり、中央銀行の「出口戦略」というのは、平時ではなく、非常事態からの脱出という意味において使われており、具体的には、「**量的緩和政策を縮小し、ゼロ金利から利上げまでの流れ**」のことを指しています。

▶▶ 出口戦略と為替レート

長らく、経済が低迷し、低金利政策を採用していた国（またはユーロ圏などの地域）が、景気回復と共に経済状態が安定してくれば、物価動向や雇用状態を見極めながら、その国の中央銀行が「出口に向かう」のではないか、と市場で囁かれるようになります。

6-7 中央銀行の「出口戦略」と為替レート

金融政策の出口戦略

手順:
- 第Ⅰ段階: 流動性供給策 終了
- 第Ⅱ段階: 公定歩合 引き上げ
- 第Ⅲ段階: 超過準備 吸収
- 第Ⅳ段階: 時間軸の 削除
- 第Ⅴ段階: 利上げ (FF金利)
- 第Ⅵ段階: 保有証券 売却

　その第一段階としては、**量的緩和政策を縮小**（流動性の縮小）しますが、この段階に入ると、先行きを見通す金融市場では、株式市場・債券市場・為替市場と隔たりなく、その（中央銀行の）動きを織り込むような動きを見せ始める傾向にあります。

　出口戦略を厳密に説明すれば、量的緩和政策を終了し、公定歩合を引き上げ、今まで資金供給してきた資金（過剰流動性）の吸収をスタートさせます。

　そして、「長期間低金利を維持する」など中央銀行がアナウンスメントしていた内容の文言を取り消し（時間軸の解除）、**低金利政策からの金利引き上げ（利上げ）を実現する**ことになります。

　ここまでがスタンダードな中央銀行の出口戦略の概要ですが、利上げの後、それまでに量的緩和政策で買い取った保有資産を売却するか否かは、そのときの経済状態によりけりだといえます。

　利上げと共に通貨高となることを前提としている外国為替市場では、その手順（出口戦略）のスタートが市場で囁かれ始めれば、（出口に向かう）その国の通貨がいち早く買われるような空気になります。それが、米ドル・ユーロ・日本円といった主要通貨であった場合には、その動きはより顕著なものとなり、外国為替市場全体に強い影響を及ぼします。欧米日の中央銀行政策が外国為替市場から常に「監視」されているのは、このような事情が背景にあるからだともいえるでしょう。

第7章

相場の読み方
―ドル円レートを決定する米国側の要因―

　日本で「円高」「円安」というとき、それはほぼ「ドル円レート」の変動を指します。そういう意味において、円相場の行方を考えるときに重要になるのは、アメリカの経済状態を図る（米）マクロ経済指標や、それに反応するアメリカの国債利回りの動向などです。

　よく日本では、わが国の中央銀行である日銀の金融政策のみが円相場を占う上で、判断材料となることがありますが、為替レート変動は、相手国通貨、または相手国経済動向あってのものだと認識しなくてはいけません。円相場を占う上で、重要な対象通貨が、基軸通貨である米ドルであることを踏まえれば、アメリカの経済動向および米国債の動向が、円相場の行方を担っている、といっても過言ではありません。

7-1 米雇用情勢と為替レート

　外国為替市場で重視されるマクロ統計といえば、アメリカのマクロ統計を指している場合がほとんどです。その理由としては、第2章で触れたように、圧倒的な取引額を誇る米ドルが基軸通貨であることが挙げられます。アメリカのマクロ統計は、そのままメジャーカレンシーであるユーロ・日本円の値動きに影響し、他通貨にも影響を及ぼします。ドル円相場に影響を最も及ぼすのも、**日本側の経済要因よりも、米国の経済要因による影響の方が絶大**だといえます。

▶▶ 米雇用統計は「第一次推計値」

　アメリカのマクロ統計の中でも、最も注目を集めるのが、**米労働省 (U..S. Bureau of Labor Statistics)** が毎月発表する**米雇用情勢 (Employee Situation)** になります。

　一般的には「雇用統計」と呼ばれていますが、その単語 (Situation) の意味からわかるように、雇用の状況を段階的に発表していくことになります。

　世間が注目し、「雇用統計発表」とされているのは、月初めの第一金曜日に発表されることの多い「**第一次推計値**」を指しています。

　この、第一次推計値の情報収集の方法としては、労働統計局によって準備された全米調査票によって、調査月の「12日を含む週の労働調査」を中心にデータを取り、**12日を含む週（調査）終了から3週目の金曜日に、第一次推計値が発表されることになります。** 第一次推計値での調査票回収率は60％と目途としています。

　この雇用情勢推計値（一般的にいう雇用統計）は、次の月、またその次の月と数度に渡って改訂されることが多いですが、それはこの全米調査票の回収率が要因となっています。60％の段階で一次推計値、次の月の改定値は、調査票回収率は80％、その次の月には90％の回収率となっていることから、一般的にいわれる「雇用統計」は、最初の速報値、となります。さらには、労働省による人口管理や業種区別の変更が実施されることもあります。よって、あとから数ヵ月前の統計を確認してみると、随分違った統計値になっている場合がほとんどです。

▶▶ 市場から注目される「非農業部門雇用者数」

　この米労働省の雇用情勢の中で、市場から注目されるのは、毎月の「**失業率（unemployment rate）**」と「**非農業部門雇用者数（Non-Farm Payrol）**」になります。失業率の調査対象地域は全米50州ですが、企業調査はなく、家計調査のみであり、その対象世帯も数万世帯ということから、近年では、調査方法に企業調査も含まれ、対象企業も数十万社に上るという**非農業部門雇用者数**が、失業率よりも注目される傾向にあるといえます。ちなみに、非農業部門雇用者数は、「Non-Farm Payrol」の頭文字をとって、ただ単に**NFP**ともいわれています。

▶▶ 良い失業率の低下と悪い失業率の低下

　失業率の計算は簡単です。（失業者÷労働力人口）×100　で算出されます。

$$失業率 = \frac{失業者数}{労働力人口} \times 100$$

　しかし、少々厄介ですが、アメリカの失業率を考えるに当たって留意する点が数点存在します。まず、上記計算式の分母の**労働力人口（Civilian labor force）**ですが、これは、アメリカにおける16歳以上の人口から軍人や施設収容されている人々などを除いた人数のうち、就業者と完全雇用者（就業していないが、就職活動をしている失業者）の合計を指しています。

　少々、面倒な表現になりましたが、簡素に説明すれば、**16歳以上の一般人口の中から、就業者と就活を行っている人たちのことを、労働力人口**と呼びます。その人口に占める失業者の割合が失業率、となるのですが、不況のさ中において、就業を諦める人たちが増加する傾向にあるのは、通常のことです。そのようなときには、分母である労働力人口および、分子である失業者数（就業中の人）が共に減少してしまうことから、**就業を諦めた人たち（求職意思喪失者）が増加することによって、失業率は低下する**ことになります。

7-1　米雇用情勢と為替レート

　仮に労働力人口が1000万人、失業者数が100万人いれば、失業率は「10%」になりますが、これが例えば、不況で就職口がなく、求職意思喪失者が20万人増加したとします。すると、労働力人口および失業者数は共に20万人減少することになるので、労働力人口は980万人、失業者は80万人ということになり、失業率は「8.16%」になります。よって、米雇用情勢一次統計値（一般的に言われる雇用統計）のときに失業率も発表されますが、失業率が低下したとしても、それが求職意思喪失者の増加によってもたらされたものであれば、「良い失業率の低下」とはいえません。

　逆に、経済回復の下、求職意思喪失者が増加したとなれば、上記の計算に照合すれば、失業率は高くなる傾向にありますが、これは就職戦線に就業意欲のある人が戻ってきた、と好感されることもしばしばです。

▶▶ 労働参加率で米失業率の質を見分ける

　これらの状況を示すのは米雇用情勢一次推計値と同時に発表される、月々の「労働参加率」ですが、これが増加しており、なおかつ失業率が低下していれば、市場は好感する傾向にあります。

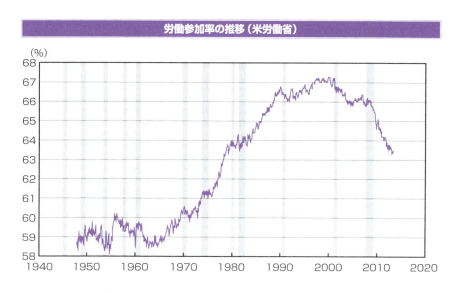

労働参加率の推移（米労働省）

労働参加率というのは、アメリカの人口（16歳以上の人口から軍人や施設収容されている人々などを除いた人数）に占める前述の、労働力人口（Civilian labor force）の割合になるわけですが、失業率が低下しても、労働参加率が減少していれば、労働市場にカウントされない「求職意思喪失者」が増加しているだけ、と見做されることになり、健全な失業率低下、とは見做されません。なので一概に「失業率が大幅低下」と報じられても、「就業を諦めた人たちが増加し、労働参加率が低下」していれば、**米国の金利は、上昇するとは限りません**。「悪い失業率の低下」だと見做すからです。

本来であれば失業率の低下によって、米国の金利が上昇し、ドルが買われる傾向にありますが、そのような失業率のカラクリが近年、報じられるようになり、自然と、もう1つの統計である**非農業部門雇用者数（NFP）**が市場から注目されるようになりました。

非農業部門雇用者数の増減と為替レート

雇用統計発表日（ほとんどが月の第1週金曜日）には、非農業部門雇用者数が世界中から注目されます。

繰り返しになりますが、この統計は、1次・2次・3次、年間算出ベンチマーク改定があるので、長期的に、その数字にはバラつきがあります。しかし、市場はお構いなしとばかりに、一次推計値の結果がすべてと言わんばかりに注目します。

市場予想より高ければドルは買われ、市場予想を下回ればドルは下落する傾向にあります。この日は、雇用統計の結果自体が上下に振れる傾向にあるので、発表と同時に、為替レートも大きく振れることがあります。特に、市場が注目する1次統計値の予想はエコノミストですら難しく、ドル相場で取引している人は警戒感をもってトレードすることが重要になります。

7-1 米雇用情勢と為替レート

話を簡素化すれば、**失業率低下と非農業部門の雇用者数の増加は、景気回復と見做され、中央銀行であるFRBの利上げに対する思惑が発生する**、ということです。その結果、通貨（米ドル）が買われる、ということになります。そして、ドルが買われれば、メジャーカレンシーであるユーロおよび日本円は相対的に下落します。その基軸通貨である米ドル動向は、他通貨にも当然ながら影響が出るので、アメリカの雇用統計（雇用情勢一次推計値）は、世界の金融市場から最も注目されている統計だといえるでしょう。

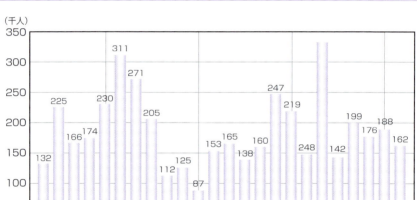

非農業部門雇用者における月々の増加者数の推移

上図は、非農業部門雇用者における月々の増加者数ですが、景気が好調とされる目安は「＋20万人から＋25万人」と言われていました。25万人−30万人以上ですと、米ドルは強い上昇を見せる傾向があります。

しかしその後、金融政策の出口戦略が始まり、労働市場のタイト化とともに失業率は4％を割り込むようになりました。このような新規の労働力が細る局面において、外国為替市場では月別の就業者数への注目度は低くなる傾向にあります。「市場テーマ」という言葉がありますが、**米雇用統計は経済危機からの回復途中で最も注目される統計**だといえるでしょう。

7-2 米住宅市場と為替レート

米雇用統計の他にも様々なマクロ統計がありますが、米国における住宅市場に関するマクロ統計もその中で主要な位置付けとなっています。

▶▶ 家を買うことの意味

経済の視点から考えれば、住宅購入が活発になれば、それに伴い家具や家電の購入も増加することになります。更には、アメリカの自動車社会を考えれば、自動車購入にも繋がるでしょう。つまり、**住宅購入の拡大は景気の拡大**と見做されます。

アメリカの住宅統計が良ければ、前述のように様々な商品購入に波及する為、世の中に出回るお金の量（マネーストック）が拡大します。お金の流動性が高まるということは、物価上昇にもつながり、それはそのまま**中央銀行の金融政策に決定を及ぼす**ことになります。基本的に、前項（7-1節）の米雇用情勢の話もそうですが、米マクロ統計を観察することは、すべて中央銀行（ここではFRB）の金融政策および、金利動向、ひいては通貨の金利変動に繋がっています。そのような観点からマクロ統計を観察します。

▶▶ 住宅統計と為替市場

住宅統計には、住宅価格を示すものや販売件数、デベロッパー（住宅業者）の景況感を示すものなど、たいへん多くの統計がありますが、その中でも先行指標として注目されるのは、毎月発表される住宅着工許可件数や、住宅着工件数になります。最も重要なのは**住宅着工件数（Housing Starts）**だといえるかもしれません。

一見、実際に着工される住宅指標（着工件数）に先立つ許可件数が先行指標として最も重要な指標に思えますが、着工許可件数というのは、厳密にいえば、**着工件数の先行指標**とは言い難い側面があります。

7-2　米住宅市場と為替レート

　どういうことかといえば、着工許可件数というのは、建設業者が確実に住宅建設すべきことを前提としているわけではなく、あくまで建設の意図があることを前提にしており、例えば、天候不順や金利動向などによって、建設を控えることもあるからです。地域によっては許可が不要なところもあり、さらには、実際に建設することになったとしても、状況によっては許可を受けてから着工するまでにかなりのタイムラグが存在する場合も多々あります。

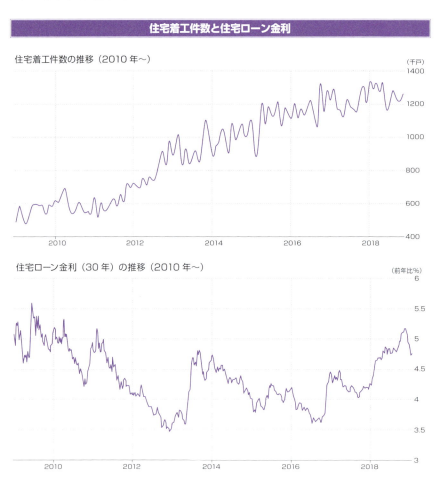

住宅着工件数と住宅ローン金利

住宅着工件数の推移（2010年〜）

住宅ローン金利（30年）の推移（2010年〜）

7-2 米住宅市場と為替レート

　このような理由から、実際に着工が始まったことを示す住宅着工件数が、景気動向や中央銀行の金融政策を見通す上で、最も注目される住宅統計だといえます。

　住宅着工件数は、米商務省経済分析局（U.S. Bureau of Economic Analysis／BEA）から毎月、前月分（季節調整済・年率換算）が発表されています。

　同時期の住宅ローン金利と住宅着工件数を比較すれば、比較的金利が高い時期は、着工件数が減少し、住宅ローン金利が低くなるにつれて、着工件数が反発し始めているのがわかります。繰り返しになりますが、住宅着工業務が最も影響を受けるのは天候と金利動向になるからです。それを考えれば、**住宅ローン金利動向も、外国為替市場の先行きを見通す上で、注視する必要がある**といえるでしょう。住宅着工動向は、物価・政策金利・通貨金利と連動しているからです。

7-3 消費者のセンチメント指数と為替レート

景気の先行きを見通す上で、企業の設備投資などが重視される傾向にありますが、「景気は気から」というように、設備投資が実を結ぶか否かは、結局は消費者の消費動向にあるといえます。アメリカ人は特に買い物好きであり、そういう意味でも消費者心理を表す統計は、景気先行指標としてドル相場に影響を与えます。

▶▶ ミシガン大学の消費者信頼感指数

アメリカ国内では、消費者心理を表す統計として代表的なものが2つあります。

1つは、ミシガン大の社会調査研究所 (ISR) が発表する、消費者のマインド結果を指数化したもので、**ミシガン大学消費者信頼感指数** (The University of Michigan Consumer Sentiment Index) です。

そしてもう1つは、民間調査機関であるコンファレンスボードが発表する**コンファレンスボード消費者信頼感指数** (the conference board consumer confidence index) になります。この2つの統計の顕著な違いは、ミシガン大学調査の方は、対象人数が500名（速報値は300名）、コンファレンスボード調査の方は、対象人数がその10倍である5000名だということです。

ミシガン大学の消費者信頼感指数は、月の第2金曜、もしくは第3金曜に前月分のデータが速報値として発表されます。この時点では300名が調査対象となっており、コンファレンスボードの調査統計よりも先行性があるといえますが、調査対象人数が少ないことから、調査時に、大きな気候変動が発生していたり、生活必需品の上昇がTV報道で流されていたりすると、**その数値は上下に大きく振れるという特徴**があります。

▶▶ コンファレンスボードの消費者信頼感指数

コンファレンスボード消費者信頼感指数は、消費者のセンチメントだけでなく、商品別の耐久消費財の購入予定なども調査対象となっており、ミシガン大学の調査より一層深いデータとなっている、といえますが、消費者心理の先行性としては、前

述のようにミシガン大のデータに遅行することになります。

コンファレンスボード調査は、その月の始め、**第１週と第２週に調査を実施し、発表するのはその月の最終火曜日**になっており、ここで留意すべきことは、例えば景気が上向いているにも関わらず、月初めにテロが発生したり、一時的な国際的事件などが起これば、実際の経済状態を反映しないような消費者心理の結果が、月末に発表されることもある、という点です。市場参加者には、このような冷静な視点も必要だといえます。

▶▶ 消費者調査のマーケットの中での位置付け

経済指標というのは基本的に定量的データ・定性的データに分かれます。

ここで紹介した２つの景況感はアンケート調査で後者の定性的データに当たります。よって、定量的データのように雇用情勢や住宅販売などの実績集計値（定量データ）というわけではなく、あくまで個人の感覚を基にしたものです。

しかし、定量データは改定値などが繰り返され、どうしても**景況感に比べて「遅行指標」**となってしまうので、**先行きを見通すこれら景況感調査（アンケート調査）は外国為替相場にとって先行指標として重視される傾向**にあります。

例えばミシガン大学の消費者信頼感指数は調査対象の規模から先行性強く、結果が予想より強ければドルが大きく上振れする傾向にあります（他通貨、例えばユーロや円は対米ドルで下落）。

逆に結果が予想より弱ければ大きくドルは売られ、ユーロ買い・円買いとなる傾向がみられます。ただ、その後のメジャーな指標発表と共にそのモメンタムは失速することもあれば維持することもあるので留意が必要です。

対するコンファレンスボードの消費者信頼感指数は、結果に対する反応自体はミシガン大学の指数と基本的に同じですが、調査規模の違いや「住宅・大型耐久消費財・自動車」などの購入予定を広範囲の消費者に調査するので、そのドルの強弱はミシガン大学の結果よりも持続する傾向にあります。ただこれも前述のように、天候不良やテロなどの不測の事態が発生すれば購入予定は大幅に狂う、または大規模ならではの特徴ではありますが、「真面目に回答しない」といったことがあるのも実情です。これらの特徴を踏まえた上でトレードすることは有効になってくると考えられます。

7-4 透明化が加速する中央銀行の政策変更の目途

「3-5節」では、各国の中央銀行が、その国の物価上昇率を政策基準としていることを説明しました。しかし物価上昇率に加えて、中央銀行の政策決定目途というのは、近年、ますます透明化しています。外国為替市場もそれら各国中央銀行の「政策変化の基準」を常に追いかけている状況だといえます。

▶▶ 中央銀行が目途とするインフレ率

物価が上昇することを、ただ単に**インフレ**（インフレーション/inflation）と呼ぶのが通説となっていますが、インフレを具体的に説明すれば、「物価が全般的に、一定期間において持続的上昇すること」です。

多くの中央銀行関係者は、このインフレ率が2%水準であることが望ましいと考えており、もはや世界のコンセンサスとなっています。簡単にいってしまうと、「＋2%」まで緩和政策（通貨安傾向）、「＋2%」を超えてくると利上げなどの引き締め（通貨高傾向）、といった具合です。

アメリカの中央銀行であるFRBで、1987年から2006年まで長らく議長として活躍したアラン・グリーンスパン氏（第13代議長）は、かつて「望ましいインフレ率」の議論において「ゼロ%」だと答えたことがありました。物価上昇率に対する、前提の考え方として、マイナス成長、いわゆるデフレに陥らないことが重要だと考えられており、そういう意味では、デフレに陥らないために、「**プラス2%（程度）のクッション**」が必要だと考えられている節があります。

▶▶ 各国によって異なるインフレ統計

国によって、「目途とするインフレ率にどの指数を採用するか」、という議論は残されています。インフレ目標とはいっても、物価上昇率を示す指数は複数存在し、どれが実際のインフレを表しているか、という問題が残されている、ということです。

1つ1つ紹介すると、複雑で話が混乱してしまいますので、話を簡素化するために、今現在、各国中央銀行で、インフレ統計として採用されている指数を紹介すれ

7-4 透明化が加速する中央銀行の政策変更の目途

主要中央銀行における物価の位置付け

	名称	英語表記	内容
日本銀行 BOJ	中長期的な物価安定の理解 (2006年3月9日導入)	understanding	消費者物価指数の前年比で「2%以下のプラス、中心は1%」
	中長期的な物価安定の目処 (2012年2月14日導入)	Goal	消費者物価指数の前年比で「2%以下のプラス、当面は1%を目途」
米連邦準備理事会 FRB	長期的な物価目標	Goal	個人消費首出の物価指数(PCEデフレータ)で前年比2%上昇
欧州中央銀行 ECB	物価安定の量的定義	Definition	消費者物価指数で前年比2%未満
イングランド銀行 BOE	インフレ目標	Target	消費者物価指数で前年比2%。上下1%を超えて振れると財務相に報告義務

ば、FRBはPCE*デフレーター(PCE価格指数)、ユーロ圏中央銀行であるECBはHICP*、日本はコアCPIということになります。

これら物価上昇率を表す指数は、大まかに、**物価全体の上昇率を表す「総合指数」とエネルギーや食料品を除いた「コア指数」**の2種類に分けられています。

アメリカ(FRB)やユーロ圏(ECB)の場合は、生活実感を伴うガソリン価格や食料品、またはアルコール・タバコ価格の上昇率を含む(ユーロ圏)、「総合指数」の方をインフレ指標として採用しているのに対して、日本では、生鮮食品を除いたコア指数(コアCPI)を採用しています。

ガソリンやガスなどのエネルギー価格や、生鮮食品などの食料品などは、気候変動や国際事情の変化によって価格が上下に振れることもあり、各中央銀行は、そのときの国際情勢に応じて、金融政策の目途となる統計を、柔軟に考える傾向にあります。

つまり、**名目上は各国中銀に採用インフレ指数が決まっていますが、あくまでそれは根幹となる統計**であり、例えば、FRBでは、2011年まではPCEデフレーターではなく、PCEコアデフレーターを採用していました。要するに、総合指数ではなく、コア指数を採用していたのですが、ガソリン価格等のエネルギー価格が長期間にわたって高止まりする、と予想され、それゆえ採用指数を総合指数に変えた、と考えられています。

---

*PCE　Personal Consumption Expendituresの略。
*HICP　Harmonized Index of Consumer Pricesの略。

7-4　透明化が加速する中央銀行の政策変更の目途

▶▶ 厳格なルールではなくなってきた「2%」

　ただ、これは補足的説明になりますが、「インフレ2%」を目途として、金融引き締めや金融緩和を行う、とはいっても、それは決して、**厳格な機械的ルール、というわけではありません**。例えば、米FRBは、2012年12月に「失業率が6.5%以上の状態」にあり、「物価上昇率（PCEデフレーター）が2.5%を上回らない限りにおいて」低金利政策を維持する、といった斬新な方針を導入しました。

　イギリスの中央銀行であるBOE（イングランド銀行）も、翌年2013年8月に、「物価上昇率（CPI）が2.5%を超えない限りにおいて、失業率が7%に下がるまで低金利政策を継続する」といった方針を発表しました。

　このように、将来の金融政策について、具体的な数値目標を掲げることを**フォワードガイダンス（Forward Guidance）**といいますが、このようなガイダンスが導入されるようになったのは、前述のように、インフレ2%を基準に利上げ（または利下げ）が連想されると、金融当局が望まない過剰な値動きが市場で発生するといった懸念が残されるためです。いわば市場のオーバーシュート（行き過ぎた混乱）を抑制するために、中央銀行が具体的数値や客観的条件を掲げて、市場を落ち着かせるといった思惑がそこにはあります。これは近年におけるマーケット参加者の拡大や、AI技術の発展に伴うアルゴリズム（取引）の進化などがその背景として挙げられます。

　やや面倒かもしれませんが、**為替レートを見通す上で、中央銀行のこのような政策の進化は、見落とすことができない**といえるでしょう。

インフレ目標（目途）➡「（年率）プラス2%以上」で利上げ（通貨高）、「2%以下で利下げ」（通貨安）という考え方は基調的解釈だが、絶対的ルールではない。

7-5 イールドカーブと為替レート

債券というのは残存期間の短いものから長いものまで異なっています。横軸（X軸）を期間（残存期間）とし、縦軸（Y軸）を利回り（金利）としたグラフにプロットした点を結んだ線はイールドカーブ（Yield Curve：利回り曲線）といわれるものですが、このカーブが特徴的な動きをしたときはドル相場に相関がみられるパターンが存在します。

▶▶ 逆イールドとリセッション（景気後退）

イールドカーブを描くとき、通常は債券市場のベンチマーク（基軸）である国債の利回りをプロットすることが多く、株式市場や為替市場参加者が「イールドカーブ」というときは国債の利回り曲線のことを指しています。残存期間を示す横軸は3ヵ月などを中心とした短期国債（Tビル）から2年・10年、10年超と右に行くほど長期になります。金利を示す縦軸は上に行くほど金利高ということになるので、将来の金利が高くなると考えれば**イールドカーブは短期金利よりも長期金利の方が高い、右肩上がりの「順イールド」**になっています。

イールド・カーブの形状

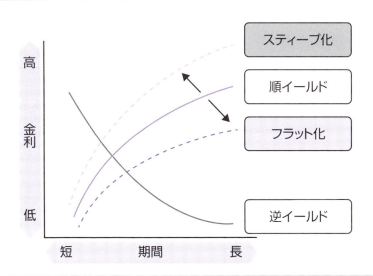

7-5 イールドカーブと為替レート

逆に将来、**金利が低くなっていくことを想定した場合には短期金利と長期金利が横ばいになっていき(フラットイールド)**、さらに一層の金利低下が予想された場合には「逆イールド」になることがあります。実際に**逆イールドが発生した場合には景気後退に陥る可能性は歴史的に見ても高い**といえます。

長期金利が上昇し順イールドになっていく動きを**スティープニング**(スティープ化)、短期金利と長期金利が平行になっていく動きのことを**フラットニング**(フラット化)、フラットニングが進んで逆イールドになってしまうことを**インバージョン**(逆転、反転)といいます。

▶▶ トレジャリーイールドカーブの「パラレルシフト」とドル円レート

特に、「6-3節」で説明した米国の財務省が発行する米国債は世界各国の政府系ファンドや機関投資家などから運用対象とされているため、そのような意味で**米国のトレジャリーイールドカーブ(Treasury Yield Curve)の変化は、世界各国の株式市場や為替市場に大きな影響**を与えます。

特にイールドカーブの**パラレルシフトとドル円レートには強い相関**がありますが、パラレルシフトというのは上記のような順イールドや逆イールドのようにイールドカーブの形状が変化するわけではなく、**同じ形状のまま上下に変動すること(シフト)を意味**します。

「6-2節」「6-3節」で記載したように、トレジャリー(米国債)の中でも特に注目されるのは流動性の高い2年物と10年物で、2年物利回りは政策金利ならびに短期金利の先行きを反映する傾向にありドル円レートとの相関も強いことで知られています。しかしこの説明だけだと2年物利回りのみ観察していればドル円レートの見通しが立つと誤解を受けそうです。ドル円レートの動きを更に深読みしたいのであれば前述の**パラレルシフトとドル円レートの強い相関関係**にも注目すべきだと考えます。

ここでいうパラレルシフトは前述の**米2年物と米10年物を軸としたトレジャリーイールドカーブの上方シフトと下方シフト**であり、それらとドル円レートとの相関関係に注目したいと思います。

7-5 イールドカーブと為替レート

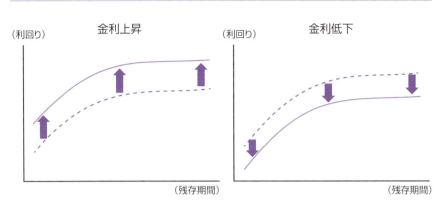

　結論をいってしまえば、トレジャリーイールドカーブ（2年・10年が軸）に**上方パラレル（シフト）が発生すればドル円レートは上昇する傾向**にありますし、**下方パラレルが発生すればドル円レートは下落傾向**になります。

米2年物・米10年物のパラレルシフトとドル円レート

　上記は（※1）2016年初頭と（※2）2017年春先に発生した下方パラレルシフトとドル円レートです。**2年・10年（ともに利回り）がほぼ同じ形状のまま同時に下落したことによってドル円レートも下落している**ことがわかります。

7-5 イールドカーブと為替レート

そして(※3)2016年11月からの上方パラレルシフトの面ではドル円レートも同じ形状で上昇していることがわかります。

しつこいようですが2年物利回りが政策金利の先行きを反映するので、この図からもわかるように2年物利回りとドル円レートには強い相関関係がみられます。がしかし上方であれ下方であれ**強いパラレルシフトが発生している場合にはドル円レートは一層これらの動きに連動する傾向がある**、ということになります。

強いパラレルシフトが発生する理由は様々ですが、大まかには財政政策または金融政策などで大きな変更があった場合など、それによって景気見通しが明白になった場合です。

政策変更により景気見通しが良くなった場合は上方パラレルシフトでドルが強くなり円（またはその他通貨）は弱くなります。景気見通しが明白に悪化・懸念された場合などは下方パラレルシフト発生とともにドルは売られ円は買われる傾向にある、ということになります。

ちなみにパラレルシフトとドル円レートの相関関係と同様に、米国の株価（ここではNYダウ平均株価）もパラレルシフト連動する傾向があります。これは上記のように政策変更によって景気見通しが明白に見通される場合（パラレルシフトが発生する場合）なので自明の理、といえるかもしれません。

米2年物・米10年物利回りのパラレルシフトとダウ平均

7-5 イールドカーブと為替レート

　ここではわかりやすく、2年物と10年物の利回りがほぼ同じ金利差で上下にシフト（パラレルシフト）した場合のドル円レートやダウ平均株価の動きを図に示しましたが、イールドカーブでいうと先に掲載した「パラレルシフト参考図」の動きにドル円レートやダウ平均株価が連動する、ということになります。

　イールドカーブは期間ごとの利回りをグラフ化したものなので、冒頭で述べたように順イールドであったり逆イールドの方向に動いたりします。**パラレルシフトは様々なカーブの動きの一例にすぎませんが株式市場や為替市場に顕著に表れる形状**だといえます。

　冒頭で述べた「景気後退の兆候を示す」とされている逆イールドは、長期金利とよばれる米10年物の利回り（厳密には中期国債）から短期金利の代表的な指標である3ヵ月物利回りの差が「マイナス」に転じたことを指しています。

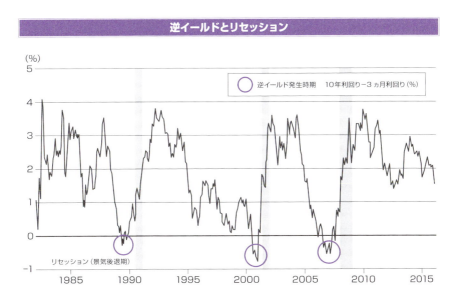

逆イールドとリセッション

7-5 イールドカーブと為替レート

　この長短金利差が逆転する「逆イールド」とリセッション（景気後退期）の歴史を振り返れば、米国では過去160年でリセッションが33回発生しています。その**主因として挙げられるのは「政策金利の引き上げ」**です。33回の景気後退期のうち28回は政策金利を引き上げる、いわゆる「利上げ」ののちに発生していることがデータとして残っています。

　これは、景気の過熱を抑えるために政策金利（短期金利）を引き上げた結果、皮肉なことに、「将来的な景気見通しが悪化し金利が下落する」と市場が予想した場合に発生した、といえるでしょう。

▶▶ 逆イールドから景気後退期に突入した後のマーケット

　実際に逆イールド（10年物利回りから3ヵ月物利回りを差し引いたスプレッドがマイナス）が発生し**景気後退期に突入すれば、今度は中央銀行が「利下げ」（政策金利引き下げ）・量的緩和政策といった拡張的金融政策を実行**することになります。

　緩和政策と通貨の動きについては第6章で述べたとおりですが、実行した中央銀行が発行管理する通貨は切り下がる傾向にあります。米国FRBであれば米ドル、欧州ECBであればユーロ、日本銀行であれば円であり英BOEならポンドですが、その結果、その国の通貨は切り下がる傾向にあります。景気後退期になれば拡張的政策を取るのは世界共通の慣行ですが、逆イールド＝通貨安、というわけではありません。短期金利を引き上げたのち、仮に景気後退期に突入した場合に中央銀行が緩和政策を発動する、といった流れの中で通貨安が発生するものなので**逆イールドは通貨安の「予兆の予兆」**ということができるかもしれません。

▶▶ その他のイールドカーブにおける形状

　既に述べた「順イールド」と「フラットイールド」、「逆イールド」は形状自体が変化するので、金利差がほぼ同じ水準で上下にシフトするパラレルシフトとは違い**「ノンパラレルシフト」に分類**されています。上記に上げた形状以外のノンパラレルシフトの中には、中期債を軸として長短金利が上下する「バラフライシフト」、イールドカーブ全体が下方シフトしながらスティープ化を起こす「ブルスティープニング」、逆に全体が上方シフトしながらスティープ化を起こす「ベアスティープニング」等があります。

　他にも、イールドカーブ全体が低下しながらフラット化する「ブルフラットニング」や全体が上昇しながらフラット化する「ベアフラットニング」等がありますが、為替市場や株式市場との相関関係を見出すのは難しいといえます。イールドカーブと通貨の関係を述べるとき、基本的には「政策金利を引き上げ」（短期金利上昇）と内外金利差であり（第3章）、ここで述べた**「パラレルシフト」は最もドル円レートと相関性が最も強い**、といえるでしょう。

7-6 QEからQTへ 量的緩和から量的引き締めへ

いままで述べてきた量的緩和政策（通称QE）は国内における諸々の金利を引き下げることによって国内景気を刺激する、というものですが、その金利引き下げが通貨安にもつながる、といったものです。そしてこのQEによって景気回復となれば量的緩和政策を巻き戻す「量的引き締め」（通称QT）の政策が実行されることになります。

▶▶ ドル安政策とも捉えられた米国のQE

景気後退期に陥ったとき、その国の中央銀行（ここでは米FRB）は政策金利を引き下げ続け、さらには量的緩和政策（quantitative easing、通称QE）を実行することになります。

第6章で述べたように、このQEは国内の景気刺激策であり、債券市場のベンチマークである国債や住宅ローン担保証券を中央銀行であるFRBが買い入れることによって**諸々の市場金利を低下させることを意図していました**。FRBがバランスシートに国債や住宅ローン担保証券を計上することによってそれらの価格が上昇すれば、市場では価格高騰を起こしたそれら債券以外の、例えば社債など他の証券購入、といったインセンティブが働くことになります。これらのことによって広範囲にわたる利回りが低下した結果、企業の借入コストは低下し、設備投資や自社株買いを促すことにつながります。また消費者としては、この政策によって諸々のローン金利が低下する訳ですから住宅や自動車といった不動産や大型の耐久消費財などへの購入意欲を高めることにつながります。結果、好景気反転に結び付くことになります。つまり、**収入が変わらなかったとしても、購入対象の消費財の購入条件を緩和することが狙いでした**。

外国為替市場の観点からいえば、諸々の金利を引き下げた結果ドル金利も低くなるわけですからQEは「ドル安政策（通貨安政策）」ともいわれました。実際に**米国がこのQEを実行しているさ中、日本の円は最高値を更新した**のです（6-2節参照）。

金融緩和と財政緩和のポリシーミックスで株価だけでなく景気は強い回復へ

この話からもわかるように、金融政策を司るFRBにできることは、「**買い物の条件を緩和させること**」であるといえます。**通貨安（ドル安）**はあくまで「**QEに付随した産物**」、というのが表向きの理由でした。しかし通貨安だけでなく米国の株価もこのQE実行時に急伸しました。米国では金融政策（QE）と財政政策（減税政策）を同時に実施したわけですが、そのことが市場に好感されたのです。この、**財政政策（減税政策）と金融緩和**というポリシーミックス（policy mix）によって米国の景気は株価だけでなく景気全体が押し上げられることになりました。

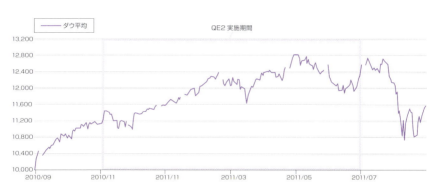

QE2実施期間におけるNY株上昇とドル安の動き

7-6　QEからQTへ　量的緩和から量的引き締めへ

▶▶ 出口戦略の最終章であるQT（量的緩和の巻き戻し）

米国は財政政策（減税）と金融政策（低金利・量的緩和政策）のポリシーミックスで景気は回復基調となり、「6-7節」で述べた**出口戦略**へと徐々に舵を切ることになりました。

大規模な緊急プログラム含む緩和政策が発動されたのが2008年11月で、大規模な国債買い入れといった、正確なところでいう「QE1」が発動したのは2009年3月でした。その後、QE2・QE3と緩和政策は拡大していきましたが、景気回復を念頭に置き、FRBは出口戦略をテストを踏まえながら取り組んでいました。

「6-7節」で記載した出口戦略は6つのステージに分けられていますが、QEで拡大したFRBのバランスシートを直接的に縮小するのは出口戦略の**最終ラウンドである量的引き締めQT(Quantitative Tightening)**ということになります。QTがFRBから公表されたのは2017年9月でしたが、**本格的にバランスシートを縮小し始めたのは月額最大500億ドルとした2018年10月からです**。2017年9月当初に公表されたQTの内容は、月額で国債60億ドル・MBS40億ドルの計100億ドル償還分の再投資を止めるということでした。

2018年10月からこの減額幅を計500億ドル（国債300億ドル・MBS200億ドル）に拡大するということで、リーマンショック以降、**QEの拡大で4.5兆ドル規模に膨れ上がっていたFRBのバランスシートは、QTによって2.5兆〜3兆ドル水準まで縮小される計画**になっています。

▶▶ 利下げから利上げ・QEからQTへ

リーマンショック以降、利下げ・量的緩和政策（QE）と拡張的政策を継続してきたFRBが利上げ・量的引き締め（QT）へと、本格的な政策の巻き戻しに舵を切ったのは2018年10月ということになります。政策が綺麗に巻き戻しされる、ということを単純に考えれば、**逆の現象が起こりうる**、ということになります。つまりQEによるドル安・株高は、QTによってドル高・株安に転じる、ということになります。実際に**出口戦略が本格化してきた2018年にはドルは他通貨に比べ年間通して高くなり、QTが本格化する10月からは、政策巻き戻しの見通し不安のためにNYダウ平均株価は急落**する局面がありました。

7-6 QEからQTへ 量的緩和から量的引き締めへ

2018年の「ドル独歩高」(ドル指数/DXY)

FRBバランスシート縮小(QT)とNY株鈍化

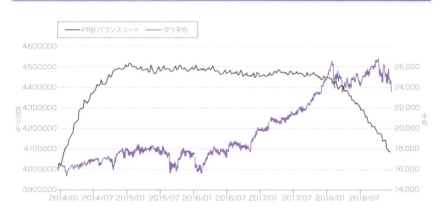

　しかしここで留意したいのは、利上げやQTを軸とする出口戦略によってドル高(他通貨は下落)となりNY株が下落する、というのは**あくまでも理論的な話に過ぎません**。市場のテーマというのはその時々によって変化しますし、複数要因が重なっていることもあります。

7-6 QEからQTへ 量的緩和から量的引き締めへ

そしてこれは補足事項になりますが、2018年に連続利上げによるドル高とQTによる株安によって市場は乱高下を起こし、金融市場がパニックを起こしてしまいました。

その結果、本格的なQTに突入した18年10月から僅か3ヵ月後の2019年1月4日にFRBのパウエル議長は「必要があればいつでも政策を大幅に変更する準備ができている」と発言しました。この答えによって米国の株式市場は急反発を起こしましたが、それだけ金融市場、特に株式市場はQEで膨張したバランスシートの正常化に恐れをなしている、ということが言えると思います。

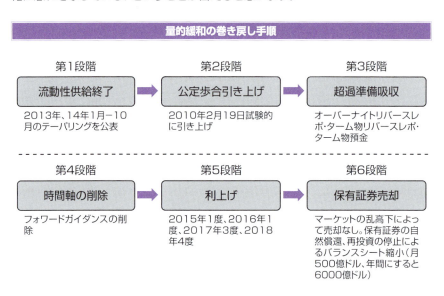

外国為替市場に最も影響を与えるアメリカの会合FOMC

　外国為替市場は、米ドルを中心に取引されています。

　この第8章では、その米ドルの通貨量を決定するシステムである米国の「FOMC」について記載したものになります。外国為替取引に関わる人が一歩踏み込んだ理解に努めるとき、避けて通れない**基礎的かつ絶対的な項目**、だということがいえると思います。

8-1 米国の金融政策を決定するFOMC

「基軸通貨」である米ドルを操作する米国の中央銀行はどこになるのでしょう？そしてその政策決定までのアプローチは？「基軸通貨・米ドル動向を担う米国の金融政策」を知るにはその仕組みを把握することが重要になってきます。

▶▶「アメリカの中央銀行」である連邦準備制度「FRS」

誰よりも先んじて外国為替レートを先読みするとき、米ドルの動向を収集しようと考えます。

それは欧州ユーロや日本円、英ポンド、豪ドル、カナダドル、メキシコペソ、トルコリラ、インドルピー、ブラジルレアル、その他新興国通貨の先読みをするときでも同じです。基軸通貨ドルの行方を第一段階として把握することが前提で、厳密にいえばその**米ドルの政策を決定するアメリカの中央銀行の政策決定を把握することが最も重要な作業**になります。

ごく一般的に、アメリカの中央銀行といえば「FRB」と呼称されることが多いと思いますが、

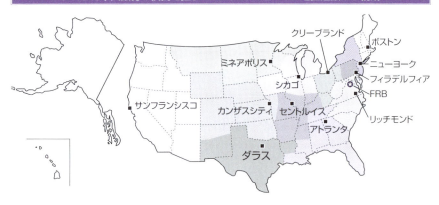

アメリカ中央銀行の役割を担うFEDはFRBと12の地区連銀から構成

8-1 米国の金融政策を決定するFOMC

　正確なところでは**連邦準備制度（Federal Reserve System）**がアメリカ中央銀行の役割を担っています。この冒頭箇所(Federal)を略して「フェッド」(Fed)と言ったり全体の頭文字をとってFRSとも言ったりします。（以下FED）さらにこの連邦準備制度は2つの組織から構成されており、①**連邦準備制度理事会（Federal Reserve Board／以下FRB）**と②アメリカの各地区を担当する**12の連邦準備銀行（Federal Reserve Banks／以下地区連銀）**によって成り立っているのです。

▶▶ アメリカ中央銀行の意思決定を行うのはFOMC

　アメリカの中央銀行は連邦準備制度（以下Fed）であり、連邦準備制度理事会（以下FRB）と12地区の連邦準備銀行(以下**地区連銀**)から構成されています。その意思決定（金融政策）を行うのは**FRB理事7名と地区連銀総裁12名が参加する連邦公開市場委員会（Federal Open Market Committee／以下、FOMC）**ということになります。

FED（連邦準備制度：Federal Reserve System）

FRB
（議長と副議長を含む理事7人）

12地区連銀（総裁）
・ニューヨーク　・ボストン
・フィラデルフィア　・クリーブランド
・リッチモンド　・アトランタ
・シカゴ　・セントルイス
・ミネアポリス　・カンザスシティ
・ダラス　・サンフランシスコ

↓参加　　↓参加

FOMC（金融政策の決定会合）
FRB7名+地区連銀総裁12名が参加。ただし議決権を持つのはFRBの7名とニューヨーク連銀総裁1名、そして残りの11地区連銀総裁の中からの4名。
（計12名で政策決定が行われる）

※議決権を有する4名の地区連銀総裁はニューヨーク連銀除く、残りの11連銀総裁の中から輪番制で毎年入れ替わる。

FRB = Federal Reserve Board（連邦準備理事会）
12地区連銀 = Federal Reserve Banks
FOMC = Federal Open Market Committee（連邦公開市場委員会）

出典：著者作成

8-1 米国の金融政策を決定するFOMC

「FOMCが金融政策を決定する」ということになりますが、**「FOMC参加者」は19名であるものの、議決権を有し実際に意思決定を行う「FOMCメンバー」は12名**、ということになります。FOMCの議事内容が議事要旨として報告されるとき、議決権を有する12名のFOMCメンバーは「Members」と記載され、参加した19名全員を指すときは「Meeting participants」と表記されます。FOMCメンバーとFOMC参加者という呼称の違いは議決権の有無に起因しているのです。

▶▶ FOMCのメンバーとその発言が外国為替市場に与える影響

FOMCメンバー（議決権を有するメンバー）は、Fedの解説図にあるように、FRB理事7名とニューヨーク連銀総裁1名、地区連銀総裁4名の計12名から構成されています。

FRB理事7名とニューヨーク連銀総裁（以下、NY連銀総裁）は常に議決権を有しており、残りの4名は11地区連銀総裁からの輪番制によって、毎年入れ替わることになります。

なお、その地区連銀は4グループに分けられており、議決権が与えられる4名はその中から選ばれることになります。（以下、グループ図）

FOMCのグループ	
第1グループ	クリーブランド連銀、シカゴ連銀
第2グループ	ボストン連銀、フィラデルフィア連銀、リッチモンド連銀
第3グループ	アトランタ連銀、ダラス連銀、セントルイス連銀
第4グループ	ミネアポリス連銀、カンザスシティ連銀、サンフランシスコ連銀
つまり第1グループの連銀は2年に1度（毎年入れ替わる）ですが第2グループから第4グループの連銀は3年に1度、議決権を有することになるといった違いが存在する。	

なぜ12地区連銀の中でもNY連銀総裁のみ常に議決権を有しているかというとNY連銀総裁がFOMCの副議長を務めていることや、FOMCで決定した公開市場操作（OMO=Open Market Operation、P65～）に関する**実務を遂行するのはNY連銀の公開市場デスク**であることなど、FedにおいてNY連銀が中心的役割を果たしている、ということが関係しています。

形式的にはFOMCメンバーは12名です。しかし実際には任期途中での辞任などもあり、空席が目立つことも多々あります。FRB理事に空席があっても（例えば7名中3名しかいない場合など）在任中のメンバーだけでFOMCを構成することになります。しかしその年、議決権を有する4名の地区連銀総裁が何らかの理由で辞任し、空席となった場合には、本来その年議決権を有していなかった他の連銀総裁が一時的に代役を務めることになります。よって、議決権を有する地区連銀5名は常時空席がない一方、FRB理事（7名）は空席が認められるので、常に12名で議決権行使されるかというと実際にはそうではありません。

▶▶ FOMCメンバー発言の外国為替市場への影響力

上述のFOMCメンバーが金融政策について講演含む様々なイベントで発言することがありますが、その発言の中でも外国為替市場含むマーケット全般に**最も影響を与えるのはFRB議長の発言**になります。

やや矛盾するように聞こえるかもしれませんが、FRBはFedの一部でありながら、そのFed全体を監督する役割を担っているので、**FRB議長の発言というのは政治的影響も含め、市場から最も注目される**ことになります。

そのようなことから、米国の雇用統計やインフレ率、住宅着工件数など為替レートに影響を与える経済データがイベントと呼ばれるのと同等に、**議長発言の機会は市場イベント**として認識されています。

代表的なところでは、原則6週間おきに開催される**年8度の会合後の議長の記者会見**です。その他、半期（半年）に一度、FRB議長は米上下両院での議会で今後の金融政策の方針を証言しなくてはいけませんが、それも上記記者会見と同様に重要な市場イベントだといえます（**議長の議会証言**）。

ニューヨークの**エコノミッククラブ（1907年設立）主催の会合でのFRB議長講演**も為替市場参加者には一大イベントですし、毎年ワイオミング州ジャクソンホールで主催している経済政策シンポジウム（通称ジャクソンホール会議）でのFRB議長講演は、大きな注目を集めます。

8-1 米国の金融政策を決定するFOMC

マーケット用語として、端的に**「ジャクソンホール講演（FRB議長講演）」**とも呼ばれており、世界中のマーケット参加者からフォーカスされます。

> **FRB議長の主な発言の場**
>
> ・FOMC後の記者会見（原則、年8度）
> ・上下両院での議会証言（半期に1度＝年2度）
> ・各エコノミッククラブでの講演（ワシントン、NYなど。不定期に参加）
> ・ジャクソンホール講演（毎年8月下旬あたり。不参加のときもあり）
> ・その他の場所での各種講演・インタビュー（不定期に参加）

▶▶ FOMCメンバーのブラックアウト期間

さらには、FRB理事は金融政策に関する情報を講演などの公の場で発言してはいけない、といった期間がありますが、その期間のことを**「ブラックアウト期間」**（ブラックアウトルール）といいます。

発言が制約されるのは**FOMC開催日の前々週の土曜日から**となっており（2017年2月決定）、日数にすると10日間ということになります。その10日間はFOMCメンバーから金融政策に関する情報を得られないことになります。なぜなら**FOMCは、原則6週ごとの火曜-水曜に開催されることになっているからです**（年8度）。

逆に考えれば、開催される前々週（月-金）は、FOMCメンバーからの発言は多くなる傾向があり、その中に政策変更に関するヒントが隠されていることになります。

> FOMC開催週の前々週、月曜から金曜はFOMCメンバーからの発言が増加する傾向
> ← FOMC開催までの10日間（ブラックアウト期間、前々週の土曜スタート）
> → FOMC（原則6週毎の火曜開催）

8-1 米国の金融政策を決定するFOMC

　なお、金融政策を決定するのはFRB理事7名と、NY連銀総裁1名、その年の議決権をもつ4名の地区連銀総裁（計12名）なので、FOMCメンバーとはいえども、その年の議決権を持っていない他の地区連銀総裁7名の発言はそれほど市場から注目を集めません。

　しかし年末の会合にもなれば、その年に議決権を有していない連銀総裁でも次の年には議決権を保有するメンバーがいるので、そのような意味では議決権を有していないメンバー発言も注視されることになります。発言1つで為替レートが「跳ねる」こともありますので議長や理事、議決権を有するメンバー発言が、特に**ブラックアウト期間に入る直前に発信された場合には注意が必要**、といったところになります。

8-2 FOMC声明文と為替レート

アメリカの金融政策を決定する会合はFOMCということを説明してきました。FOMC終了後には政策決定の声明文がFRBの公式HPにアップされることになります。

▶▶ FOMCは年8回だが政策変更の会合は年4回

FOMCの声明文（FOMC statement）というのはFOMC後、あらかじめ決まった時間に発表されます。定例会合と声明文発表、そしてその後の議長会見は6週毎ごとで**年8度**となっています。ただし次節（8-3）で説明する「FRBの経済見通し（SEP）」は2会合ごとの**原則年4度（3月・6月・9月・12月）**しか発表されません。政策変更が実施されるとすれば、これら**「声明・会見・経済見通し」がセットになっている年4度の会合**、ということになります。

▶▶ FOMC声明文と為替レート

FOMCの声明文は現地時間（米東部）午後2時に発表されます。その時間になればFRBのホームページ（Federal Reserve Board - Home）に声明文が掲載されることになります。

ただしここで注意が必要なのは、米国にはサマータイムが導入されていますので、同じ午後2時とはいえども、（サマータイムが導入されていない）日本国内で声明文を閲覧する時間は時期によって1時間の誤差が出てきます。

北米のサマータイム実施期間は、3月第2日曜日午前2時から11月第1日曜日午前2時になるので、例えば日本国内で1月FOMC声明を閲覧する時間は会合終了後の**午前4時**。（米東部標準時間午後2時）3月FOMCが第2日曜日以降だと、日本国内では**午前3時**（米東部夏時間午後2時）、といった具合に午前3時と午前4時といった違いがあるので注意が必要です。

▶▶ どこを見るべきか？ 数段落に分けられるFOMC声明文のポイント

このように、既定の時間（米東部時間の午後2時）に声明文が発表されますが、**真っ先に見るのは第1パラグラフとは限りません。** 以下は、どこの箇所を見るか、という例として2019年1月声明を掲載しました。政策を「据え置いた」ときの声明文になります。**政策が公表されている段落（近年では3段落目・4段落目）を「サッと」見ることが有効です。** その見極めとしては「**Committee decided**」が入っている箇所になります。その後に政策決定が綴られています。（以下は2段落目です）

> In support of these goals, the Committee decided to maintain the target range for the federal funds rate at 2-1/4 to 2-1/2 percent.

ここの箇所で、政策金利を上げたのか（**raise**）、前回会合と変わらず据え置きなのか（**maintain**）、もしくは政策金利を下げたのか（**lower**）、に着目することになります。

引き上げた（raise）のであれば、基本的に考えればドル金利は上昇しますのでドル高円安・ドル高ユーロ安が連想され、この瞬間はドル円レートがごく一時的にグーンと伸びることがしばしばです。据え置き（maintain or keep）であれば為替レートは上下に振れながらも翌日には落ち着いている可能性があり、さらに引き下げ（lower）ということになればドルの金利は低下する、ということになりますから、内外金利差の考え方からすると（第3章）、ドル安円高・ドル安ユーロ高、という考え方が成り立ちます。

8-2 FOMC声明文と為替レート

▶▶ 想定外の場合、為替レートは上下に触れる傾向も

　事前のFOMCメンバー発言やマクロ統計などから、**「政策の変更」は事前に想定**しているものと思われます。そこで**問題になるのは「想定外」**の事態ですが、その場合は**為替レートの振れ幅は大きくなる傾向**にあります。

　例えば、アメリカ経済や世界経済の状況が不確実性に包まれているとき、**政策金利がどうなるのかは不透明**、といった場合、**特にこのFOMC声明が注目される傾向にあります**。発表された政策金利が市場全体（または個人）の想定と違った場合にはドル円レートでいうと2円ほどの大きな振れ幅が発生することもあります。そしてその後の数日間は市場関係者の想定していた方向とは**逆方向にトレンドが発生することもあります**。しかし近年ではマーケットが混乱しないように、前述のFOMCメンバーの発言などで事前に「据え置き、もしくは変更」などのサインを出すことがほとんどなので、声明発表と同時に振れ幅が大きくなることは少なくなってはいます。

　近年で、想定外の金融政策（政策金利の変更）が発表され、振れ幅が大きくなることがあるとすれば、景気の見極めをFOMCメンバー自身ができていないとき、ということになります。つまり「8-1節」で説明したブラックアウト期間直前に**FOMCメンバーの金融政策に対する発言がまとまっておらず、バラバラのことを言っていれば「想定外」の事態が発生する可能性があるので、「ドル上振れ・下振れ」の事態を覚悟しておくことが重要**になります。

8-3 金利予想のドットプロットと経済予想のSEP

年8度のFOMCのうち、4度（3月・6月・9月・12月）のFOMCで政策変更の実現可能性が高いといえます。その4度の会合ではFOMC声明と同時にFOMCメンバーによる今後の金利見通しと経済見通しが同時に発表されます。

▶▶ ドル相場の動向を見通す上でのドットプロットの位置付け

FOMC声明で決定する政策金利はFFレート（Federal funds rate）ですが、その水準の決定には12名の議決権をもつメンバー（FRB理事7名［空席の場合あり］＋NY連銀総裁＋輪番制の地区連銀総裁4名）のみで決定されます。しかし、市場が重視している**金利見通し（Dot plot）には議決権を持たないFOMC参加メンバーすべてが関わる**ことになります。12名と19名の細かい違いだと思われそうですが、議決権をもつ地区連銀総裁が毎年4名入れ替わる、といったことを考慮すれば、このドットプロットを確認することは今後の政策動向とともに、為替レートを見通すことにつながりそうです。

▶▶ ドットプロットとドル相場

一般的にドットプロット（Dot plot）といえばデータをプロットしていく作業、つまり観測値などを一次元である点（ドット）として落とした散布図を発想すると思います。FOMCメンバーの政策金利の今後の予想値もドットプロット（またはドットチャートと呼ばれる）としてFOMC声明と同時に公表されます。ここでいう予想値というのは、**FOMC参加者が考える年末時点での政策金利の適正水準**のことです。

FRB自身はこのドットプロットを政策手段としての主要ツールとしていない、としていますが、その理由としては経済や相場の急変などによって金利予想がまったく違う結果になることもあるからです。ただしかし市場関係者は、ドル相場や株式相場の行方を見通す上で将来の政策金利予想であるこのドットプロットを重視しています。

8-3　金利予想のドットプロットと経済予想のSEP

　1度の利上げ幅（政策金利の引き上げ幅）は、過去から考えれば「0.25%」ずつ（25ベーシスポイントともいいます）です。例えば、現在の政策金利の誘導目標が2.00%-2.25%としてドットプロットを確認するとします。するとその年の年末時における政策金利の適正水準（最頻値）が2.25%-2.50%とすれば、その時点から年末に掛けて「1度」の利上げが実施される（のではないか）と考えることが可能です。さらに2.50%-2.75%にドットが最も集中していれば年末に掛けて「2度」（0.25×2）の利上げが実施されるのではないか？　と考えられます。

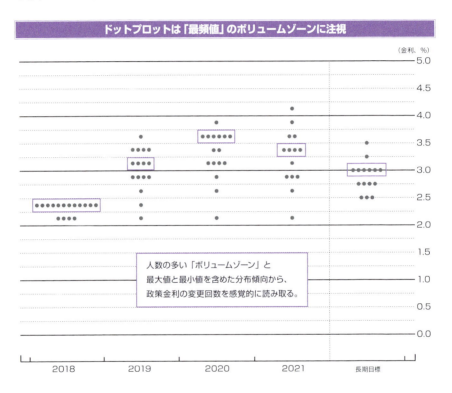

　市場参加者は、「最大値」「最小値」「中央値」、そして人数が1番多い「ボリュームゾーン」から体系的に今後の政策金利の変更回数を読み取ることができます。最大値と最小値が広がっていれば分布図自体が縦長になりますが、それもドットプロットの特徴です。ちなみに**「Longer run」というのはFOMCが考える長期的な適正金利水準**で、これも会合ごとに変化することがわかります。

8-3　金利予想のドットプロットと経済予想のSEP

　言い換えれば「FOMCが基準としている適正金利は〜％」と常態的に決まっているわけではなく、あくまで**経済の見通しによって長期的な適正金利（中立金利）も変化する**ということになります。

　ドットプロットは年4度（3月・6月・9月・12月）公表されることから、当然3月ごと（四半期ごと）に政策金利予想も異なってきます。分布図が縦長になればなるほどFOMCメンバーの意見はまとまっていないと推定することができますし、逆に、縦に短く横長になっていれば意見がまとまっていると推定することができます。極論でいえば**政策金利の予想が難しいとき（分布図にばらつきがあるとき）には、ドル相場は不安定**になりそうですし分布図が横長で、FOMCメンバーの意見がまとまっているときには（コンセンサスが形成されている、といわれます）ドル相場は安定しているといえるかもしれません。

▶▶ ドットプロットと同時発表のSEP

　ドットプロットはFOMCメンバーの政策金利予想を示したものですが、そのドットプロットと同時に発表される**「経済見通し」（SEP：Summary of Economic Projections）**もメンバー予想を示したものです（以下SEP）。しかしSEPの場合は、政策金利見通しのみを示したドットプロットと違って**「実質GDP成長率（見通し）」「失業率（見通し）」「インフレ率（PCE価格指数）見通し」「コアインフレ率（コアPCE価格指数）見通し」「政策金利（FFレート）見通し」**と、データ見通しが多岐に渡るのが特徴です。

　そして、それら各予想は**3カ月前公表時の予想と比較**されており、3月（四半期）でどの程度予想が変化したか確認できるようになっています。

　さらにはそれら各々の**中央値**（median）、**代表値**（central tendency／最大値から上位3名・最小値から下位3名を除いた中心的数値）、**予想幅**（range／最大値から最小値すべてを含んだレンジ幅）が表記されています。代表値は予想幅を縮小したものだといえますが、簡易的な意味合いでは（予想値より）代表値の方が重要だといえそうです。実際に市場関係者も予想レンジまで重点的に細かくチェックしているのかといえばそうではないように思えます。

　ドットプロットでは政策金利の変更回数を読み取り、ドル相場の流れを見通す、としましたが、ドル相場の観点からすればこのSEPのどこに着目すべきでしょうか？

8-3 金利予想のドットプロットと経済予想のSEP

▶▶ PCEデフレーターの予想推移に注目！

　当然、マーケットというのはその時々で注目される「重要テーマ」があり、経済成長が不安視されているときは「実質GDP成長率（見通し）」、雇用が不安視されているときは「失業率」、物価が危ぶまれているときは「インフレ率（PCE価格指数）」、など時期によって注目される指標は違ってくる、といえます。しかし、そのような中でも敢えて最重要指標を挙げるとすれば「**PCE価格指数（PCEデフレーター、インフレ率）**」が挙げられます。

　本来、FRB（並びにFOMC）には「雇用の最大化」（maximum employment）と「物価の安定」（stable prices）、そして「低い長期金利」（moderate long-term interest rates）という3つの責務が連邦準備法によって課せられています。

経済見通し（SEP）のインフレ予想（PCEデフレーター）は特に注目！

%

	中央値					代表値					予想レンジ				
	2018	2019	2020	2021	長期目標	2018	2019	2020	2021	長期目標	2018	2019	2020	2021	長期目標
GDP予想（現予想）	3.1	2.5	2.0	1.8	1.8	3.0-3.2	2.4-2.7	1.8-2.1	1.6-2.0	1.8-2.0	2.9-3.2	2.1-2.8	1.7-2.4	1.5-2.1	1.7-2.1
6月予想	2.8	2.4	2.0	n.a.	1.8	2.7-3.0	2.2-2.6	1.8-2.0	n.a.	1.8-2.0	2.5-3.0	2.1-2.7	1.5-2.2	n.a.	1.7-2.1
失業率予想（現予想）	3.7	3.5	3.5	3.7	4.5	3.7	3.4-3.6	3.4-3.8	3.5-4.0	4.3-4.6	3.7-3.8	3.4-3.8	3.3-4.0	3.4-4.2	4.0-4.6
6月予想	3.6	3.5	3.5	n.a.	4.5	3.6-3.7	3.4-3.5	3.4-3.7	n.a.	4.3-4.6	3.5-3.8	3.3-3.8	3.3-4.0	n.a.	4.1-4.7
PCEデフレーター（現予想）	2.1	2.0	2.1	2.1	2.0	2.0-2.1	2.0-2.1	2.1-2.2	2.0-2.2	2.0	1.9-2.2	2.0-2.3	2.0-2.2	2.0-2.3	2.0
6月予想	2.1	2.1	2.1	n.a.	2.0	2.0-2.1	2.0-2.2	2.1-2.2	n.a.	2.0	2.0-2.2	1.9-2.3	2.0-2.3	n.a.	2.0
コアPCEデフレーター（現予想）	2.0	2.1	2.1	2.1		1.9-2.0	2.0-2.1	2.1-2.2	2.0-2.2		1.9-2.0	2.0-2.3	2.0-2.2	2.0-2.3	
6月予想	2.0	2.1	2.1	n.a.		1.9-2.0	2.0-2.2	2.1-2.2	n.a.		1.9-2.1	2.0-2.3	2.0-2.3	n.a.	
政策金利/FF金利（現予想）	2.4	3.1	3.4	3.4	3.0	2.1-2.4	2.9-3.4	3.1-3.6	2.9-3.6	2.8-3.0	2.1-2.4	2.1-3.6	2.1-3.9	2.1-4.1	2.5-3.5
6月予想	2.4	3.1	3.4	n.a.	2.9	2.1-2.4	2.9-3.4	3.1-3.6	n.a.	2.8-3.0	1.9-2.6	1.9-3.6	1.9-4.1	n.a.	2.3-3.5

※2018年9月に公表された経済見通し（現予想は9月予想）
出典：FRBサイトからeリサーチ＆コンサルティング作成

（経済見通し（SEP）ではインフレ予想（PCEデフレーター）の推移に注目！）

しかし市場関係者の中ではFRBの役割としては**「2大責務」（デュアル・マンデート/Dual mandate）**といった言葉が有名です。これは前述の「雇用の最大化」と「物価安定」のことを指しているのですが、その2つが達成できれば3つ目の「低い長期金利」といった目標は達成できる、と考えられているからです。

PCE価格指数は、その「物価の安定」を示しており、かつ、その目安となる長期目標は2.0%となっています。すなわち、現在の物価上昇率（PCE価格指数）が2.0%以下なのであれば政策金利の引き上げ（利上げ）は考えにくいですし、逆に2.0%を超えてくるような経済状況になれば利上げが想定されることになります。

他の、実質GDP成長率や失業率などにも長期目標（Longer run）が表記されていますが、その数値はその時々の経済状況によって変化する傾向にあります。**物価安定の長期目標に関しては、過去から考えてもほとんど変化することはありません。**「政策金利の上げ下げ」をドル相場の観点からすると、**ドットプロットとこのSEPの中にあるPCE価格指数（見通し）を確認することが重要**になってくる、といっても過言ではありません。

8-4 FOMC討議資料とFOMC議事要旨の理解は高い金融リテラシーを示す

FOMCには投票権を持つメンバーと投票権を持っていない地区連銀総裁の全員（19名）が参加しますが、その討議資料はベージュブック以外ではブルーブックやグリーンブックがあります。そして会合内での意見交換や金融政策の議決に対する参加者の賛否はFOMC議事録として記録され、その要旨（FOMC Minutes）がFOMCの3週間後に公開されます。

▶▶ FOMC公開資料であるベージュブック（Beige Book）

FRBのサイトではベージュブックを「Summary of Commentary on Current Economic Conditions by Federal Reserve District」としており、日本国内では「地区連銀経済報告」と呼ばれている**FOMCの討議用資料の1つ**です。

12地区の連邦準備銀行が、それぞれ管轄している地区の経済現況を報告し、FRBがその都度指定する特定の連邦準備銀行がその概要をまとめ上げます。ベージュブックという名称の由来はその表紙がベージュだから、ということで有名です。公表回数は年8回で、公表時期は**FOMC開催2週前の水曜日**になります。

市場関係者がこのベージュブックに注目する大きな理由としては、他の資料である**グリーンブック（Green Book）やブルーブック（Blue Book）と違い、FOMC開催時点で一般公開されている**、といった点が挙げられます。

これら資料は、その表紙の色によって呼称が付けられていますが、その作成元・内容も異なっています。ベージュブックは全米12の各地区に所在する民間銀行の報告書やエコノミスト、マーケットの専門家等のインタビュー等をベースとして作成されており、そのような意味で連邦準備制度（FRS）の外部情報、ということになります。よって**公表元であるFRB自身もFRBの見解ではない**、としています。ただ前述のようにFOMCの資料としてはこのベージュブックのみFOMC開催前に公表されているので、金融政策決定要素として市場関係者は参考にしている、というのが現状です。

ベージュブックは詳細報告（Full Report）と全地区概要（National Summary）

8-4 FOMC討議資料とFOMC議事要旨の理解は高い金融リテラシーを示す

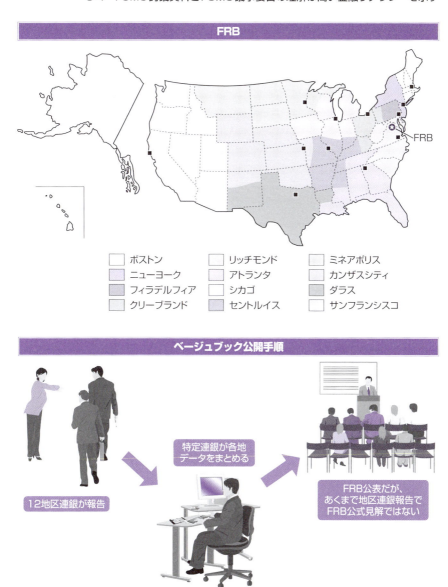

に分けられていますが(FRBサイト)、各々のページを確認すると「経済活動全般の報告」(Overall Economic Activity)や「雇用・賃金」(Employment and Wages)、「消費財の価格やコスト」(Prices)といった記載は共通しています。

8-4 FOMC討議資料とFOMC議事要旨の理解は高い金融リテラシーを示す

詳細報告（Full Report）には各12地区における経済状況が記載されていますが、**これら12地区詳細は為替市場にはほとんど影響ありません**。株式市場参加者などであれば、自動車産業であったり製造業、IT産業など各地区によって産業の特徴がありますから確認することは有効になる可能性が高いです。**為替市場、ドル相場に影響するのは共通項目の「経済活動全般の報告」（Overall Economic Activity）の箇所**になります。

ここには各業種が好調なのか低調なのか、同じ業種であっても地区によってはどうなのか、生産・天候の影響・雇用・個人消費など、その他様々な経済活動の概要が記載されており、全般としてどうだったのか、という概況が報告されています。

全般的に経済活動が上向いた、というニュアンスが強ければ市場は好感し債券市場では金利が上昇する傾向にあります。これら**ベージュブックの内容を受けて金利変動が発生すれば、それはそのままドル相場に波及**するので外国為替市場参加者にとっては注意が必要だといえるでしょう。

▶▶ FOMCの方向性を左右する討議資料と、FOMC議事要旨

FOMCが開催される前週には、政策決定の討議資料となるブルーブックやグリーンブックがFOMC参加者に配布されます。FOMC参加者が金融政策について発言が規制される期間のことをブラックアウト期間（8-1節参照）としましたが、その背景としてはこのような**政策決定に関する資料配布の時期が関係**しているからです。

ベージュブックと違い、**ブルーブックやグリーンブックはFRB内部の担当部署が作成**したものであることから、内部文書として管理され**全文公開はFOMCから5年後**、ということになっています（ベージュブックのみFOMC2週間前に公開）。

ブルーブック（Blue Book）はFRB金融政策局がFOMC参加者に提出する報告書で、その内容は経済分析・経済見通し・金融統計・金融政策の選択肢、と多岐に渡っており、**金融政策により直結する資料**です。特に政策インパクト（利上げ・利下げ・据え置きをした場合の市場シナリオ）やFOMC声明の表現選択肢が提示されていることを考慮すれば、最も重要な資料、といえるかもしれませんが、あくまで選択肢の提示という位置付けになっています。

8-4 FOMC討議資料とFOMC議事要旨の理解は高い金融リテラシーを示す

▶▶ 5年後に公開されることになっているグリーンブックとFOMC議事録の関係

　グリーンブック (Green Book) もFRB内部の調査統計局が提出する資料で、その内容は全米経済の現況報告と今後の見通し等です。ブルーブック同様に、FOMCでの政策決定の行方を左右する資料ですが、これも全文開示は5年後で非公開となっています。ですがその概要は**FOMC終了から3週間後に一般公開されるFOMC議事要旨 (Minutes of the Federal Open Market Committee) の後半部に「Staff Economic Outlook」**として記載されています。

　5年後に全文開示はされるのはブルーブック・グリーンブック・FOMC議事録全文、といったFRB内の内部資料ですが、FOMCの議事要旨に調査スタッフの経済見通しが記載されているのは、相場急変を防ぐための「市場との対話」の1つかも知れません。以下はFOMC議事録における後半部からの部分抜粋ですが、**スタッフによる経済見通し (Staff Economic Outlook)** という項目は討議資料であるグリーンブックを示したものになります。

Staff Economic Outlook

In the U.S. economic forecast prepared for the November FOMC meeting, the staff continued to project that real GDP would increase a little less rapidly in the second half of the year than in the first half.

・・(中略)

The staff expected both total and core PCE price inflation to remain close to 2 percent through the medium term. The staff's forecasts for both total and core PCE price inflation were little revised on net.

　色文字としている文言は、内容通りにFRBスタッフによるものであり、冒頭部にあるように「FOMCに向けて事前に準備された米国の経済見通しの中で」というのは**討議資料であるグリーンブックを示唆**しています。末部には**FRB調査スタッフによるインフレ率、PCE価格指数に関する予想が掲載**されています。

8-4 FOMC討議資料とFOMC議事要旨の理解は高い金融リテラシーを示す

　ブルーブックやグリーンブックは金融政策決定およびドル相場にもっとも影響を与えるFOMC用の重要資料といえますが、既にお伝えしたようにFOMC前に確認できる資料はベージュブックしかありません。がしかし金融政策の行方が著しく不透明でマーケットが乱高下しているときなど、このような体系的な仕組みを理解していれば「**今回のベージュブックは重要なポイントになるのではないか**」または「**議事要旨のスタッフ予想**に次回会合のキーワード、FRBのメッセージが入っている（かも）」と考えることができます。

　市場で公表される、このようなマクロ指標やデータ等はその時々に応じて重要度が変化しますが、これら**FOMC討議用資料とブラックアウト期間を体系的に認識しておくのは政策金利とドル相場を見通す上で「抜け駆けすることができる」**ということができます。語弊があるかも知れませんが、多くの**専門家がメジャーな指標を掲げる中、ほとんどの人が重要視していないからこそカギを握るポイント**になる、ということができます。

8-5
FRBの金利コリドー政策　ドルの上振れ・下振れを見極める

　政策金利の誘導目標が為替変動に大きな影響を与えるとしてきましたが、政策金利が大きく変動すれば為替レートも大きく変動するといったリスクがあります。中央銀行政策は為替レート誘導を最終目標にしている訳ではありませんが、政策金利を安定化させるコリドーシステムに目を付けることは主要通貨の相対的力関係を見通す上で重要なポイントになりそうです。

▶▶ コリドーシステムのキャップとフロアに注視する

　米国の政策金利であるFFレートに大きな変動があればドル相場は大きく動きます。第3章で説明したように政策金利というのはあくまで中央銀行が機械的に決定する固定金利ではなく市場で決定する誘導目標（市場金利）であることから、需給の関係で変動幅が生じてくることがあります。その変動を抑制するために**FRBはコリドーシステムを採用**していますが、政策金利よりも高く公定歩合を設定すれば、それが**上限（キャップ）**となり民間銀行が中央銀行に預けている当座預金残高にも金利を設定すれば（付利）それが**下限（フロア）**となります。

公定歩合と政策金利、付利の簡素図

```
公定歩合（ディスカウントレート/キャップの役割）
            ↕
    政策金利（FFレート）
            ↕
当座預金付利（IOER/フロアの役割）
```

8-5　FRBの金利コリドー政策　ドルの上振れ・下振れを見極める

　世界の主要中央銀行が採用しているコリドーシステムですが、米国のコリドー政策における**キャップはディスカウント・レート（The Discount Rate）、フロアはIOERと呼称されている超過準備付利**（IOER：Interest Rate on Excess Reserves）、のことを指しています。

　コリドー政策は、政策金利であるFFレートだけでなくこれらの金利もほぼ同時に「利上げ」「利下げ」することになるので、**政策金利を軸とした3階層の金利が上下に移動**することになります。

▶▶ ドルの上振れ・下振れを金利コリドーの上下金利から判断する

　通常、政策金利はじめとする短期金利はこの上限・下限のレートをオーバーすることはほとんどありません。国際情勢に何らかの大きな出来事が発生した場合、急激な円高や円安が起こることがありますが、**短期金融市場がコリドー金利の上限をオーバーシュートしていれば「ドル上振れ」、アンダーシュートしていれば「ドル下振れ」といった傾向が強い**といえます。ただ、市場にはその時々に応じて注目されるテーマがありますのでこの理論通りにいくかといえば当然、言い切ることはできません。あくまでこのような論理がある、といった冷静な視点が必要だといえます。

▶▶ 上限金利と下限金利の「機能的背景」

　以下の内容はドル相場や為替レートと無関係かもしれませんが、コリドー政策の機能として認識しておくことは良いことかもしれません。

　現在の政策金利は（日米ともに）銀行間の市場金利（オーバーナイト金利）を目標値に誘導する形をとっていますが、（以前の政策金利である）「公定歩合」は中央銀行が銀行に貸し出すときの金利であり、市場金利と違って中央銀行が独自に決定します。

　なぜこの公定歩合が政策金利のキャップとして機能するのかといえば、銀行間の資金の貸し借りで金利が高く振れそうになった場合、銀行は中央銀行から直接資金を調達することができるからです。公定歩合は政策金利より高く設定されているのでそこで誘導目標の上振れを抑え込むことができる、ということになります。

　他にも「銀行自身が中央銀行から借り入れることを嫌がっている」という背景が公定歩合の上限機能（キャップ機能）を高めていることに繋がっています。例えば、

8-5 FRBの金利コリドー政策 ドルの上振れ・下振れを見極める

　ある銀行が経営面で行き詰っている、資金繰りが悪化している、と見なされた場合、銀行間市場では警戒され資金調達が困難になる場合があります。このようなときは「最後の貸し手」である中央銀行から資金調達を受けることになりますが、資金調達した銀行は自身の評判悪化（レピュテーションリスク）を気にします。このような事情から政策金利より高く設定されている公定歩合がキャップとしての機能を果たしていることになります。

　中央銀行の当座預金口座に付けられている金利は一般に「付利」とよばれ、政策金利を始めとする短期金融市場の下限（フロア）としての機能が求められています。銀行からすると、貸出金利や投資収益よりも中央銀行にある当座預金に付されている金利の方が高い場合には、当然そちらに資金を預けたいというインセンティブ（動機付け）が働くことになるので短期金利の下限として機能を発揮している、ということになります。

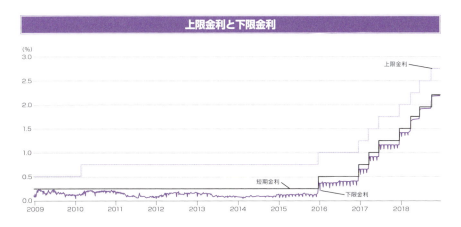

上限金利と下限金利

第8章 外国為替市場に最も影響を与えるアメリカの会合FOMC

8-6 コリドー政策の下限金利をマイナス化した「マイナス金利政策」

上限金利と下限金利で政策金利を挟み込み、短期金融市場の安定を図る目的のコリドー政策ですが、これは世界の主要銀行が導入しているシステムになります。この3階層の金利を1つの箱のように捉え上下に動かすといったイメージです。ECBや日銀が導入したマイナス金利政策というのは、その「箱の底」をマイナス水準に落とし込んだもの、といえます。

▶▶ ECB、日銀のコリドーシステム

8-5節では、FRBのコリドーシステムを例としましたが、これをユーロシステム（以下、ECB）や日銀を例にとって挙げても、政策金利（オーバーナイト金利）を上限金利と下限金利で挟み込むこのシステムが機能していることがわかります。

FRBで設定しているコリドー政策の上限金利はディスカウント・レート（※）、下限金利はIOER（超過準備付利）としました。**ECBでは限界貸付ファシリティ金利（Marginal lending facility rate）が上限金利で、下限金利は預金ファシリティ金利（Deposit facility rate）**です。政策金利は主要リファイナンシング金利としていますが、ECBもFRB、日銀同様にオーバーナイト金利である**EONIA（ユーロ圏オーバーナイト平均金利）を実質上の政策金利として誘導**することになります。

日銀はどうでしょう？ 3章で説明したように日銀の政策金利は無担保コールレートです。それを挟み込む**上限金利は基準貸付利率、下限は当座預金に付された金利**、ということになります。これら3主要銀行に共通するのは「呼び名は違えどもそのシステムは同じ方式」、だということです。

ただ日銀の場合は2016年1月29日に「マイナス金利付き量的・質的金融緩和」政策を発表（導入は2月16日）したことから、**下限金利は政策金利残高に付された金利**、ということになりました。

言い換えれば、日銀は当座預金口座に付す金利を3階層にしました。（基礎残高に＋0.1％、マクロ加算残高はゼロ、政策金利残高に－0.1％）

8-6 コリドー政策の下限金利をマイナス化した「マイナス金利政策」

これによって3階層金利のうち最も低い金利である「政策金利残高への付利」が下限金利となったのです。

これは補足の説明になりますが、日銀が当座預金残高への付利を3階層にした意図は「既存の超過準備残高にプラスの付利をすることで量的緩和政策の原点である『量の積み上げ』を保ち、新規のお金に関してはマイナス金利を付すことで、当座預金に積み上げず、世の中に出回るお金の量を増加させる」というものでした。積み上げるお金も出回るお金も増加させることを狙ったものでした。

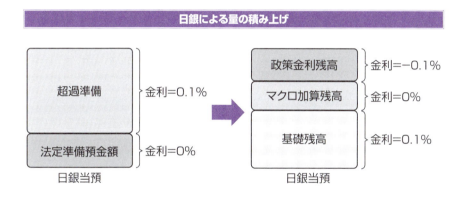

日銀による量の積み上げ

通常は、レピュテーションリスク（評判のリスク）があることから、大きな危機のときなどを除き、オーバーナイトの政策金利が上限金利付近まで吹き上がっていくことはありません。よって**どうしても下限金利付近で推移**することになります。

2019年現在、その下限金利付近のプラス圏内を推移しているのは米国だけで、ユーロ圏や日本ではマイナス圏で（オーバーナイト金利が）推移しています。それらのことから下限金利が実質の政策金利、といわれることもありますが、この構造からわかるように「政策金利を支えているだけ」で当座預金口座に付された金利が政策金利ということはありません。そういう風に見えるだけ、ということになります。

8-6　コリドー政策の下限金利をマイナス化した「マイナス金利政策」

　このような**コリドー政策における下限レートがマイナス水準に陥っているユーロや日本の円は相対的にどうしても対ドルで弱くなっている**のが現状です。2018年はドル独歩高の年でしたが、米国の連続利上げとともにコリドー政策における下限レートが日欧に比べて唯一プラス、ということが大きく関係していたといえます。

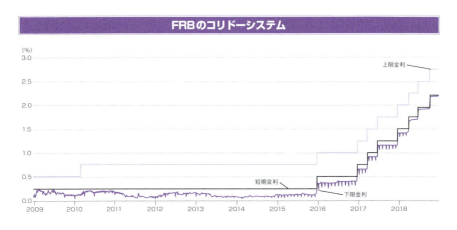

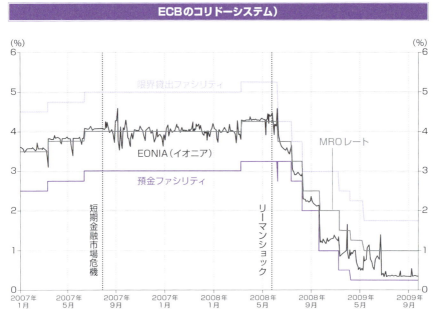

基軸通貨ドルと各国の外貨準備

　外国為替市場は基軸通貨である米ドル中心ですが、一極体制による問題点も多く存在します。

　90年代から現代における通貨危機の連鎖も一極体制の裏返し、といえるかもしれません。外国為替市場における基準が1つの通貨になっているからです。

　近年では、そのリスクを分散化すべく決済通貨・準備通貨の多様化が図られていますが、いかんせん急激な変化は見られず、その変革は斬新的です。

　よって、基軸通貨である米ドル自体がどのような状況にあるのか？　ドル指数の構成や、他指数との相関を把握する事は「基軸通貨の潮流、各国通貨の位置付け」を把握する上で大切といえるでしょう。

9-1 基軸通貨ドルとグローバルインバランス

　米ドルが基軸通貨となったのは、米ドルだけが金と兌換可能となった1944年のブレトンウッズ協定からです。米ドルのみ金を裏付けとすることができ（1オンス35米ドルと固定）、その他の通貨は米ドルとの交換比率が固定されることになりました。（固定相場制の確率）

▶▶ 米個人消費とグローバルインバランス

　基軸通貨ドルについては、第1章で述べましたが、第9章において中国含む新興国の為替レート、並びに経済事情を説明するとき、改めて基軸通貨ドルとドルを司る米国の金融政策が中心となるのは否めません。近年発生した中国含む新興国の経済発展や為替レートの急激な変動など、基をたどればやはり基軸通貨である米ドルの動向が発信源となっているからです。

他通貨とは違う特異な地位にある米ドルの特徴と米国の個人消費

① 世界中の貿易・資本取引の決済通貨として圧倒的な地位を誇る。
② 為替相場では各国通貨の基準通貨となる。
③ 海外各国はこの基軸通貨ドル資産を軸として対外準備資産を保有している。

　歴史的にみても米国は、この**基軸通貨の特色を活かし「強いドル政策」を採ってきました**。中国や他アジア各国、そしてわが国日本などは不況に陥ったとき、外需頼みの通貨安政策に走ることがありますが、米国の政策はそのような政策とは一線を画し、世界最大の消費大国として**外需ではなく内需に依存する傾向**があります。世界の名目GDPは79.9兆ドルですが（2017年、IMF）、**1位は米国の19.4兆ドル**、2位が中国で12兆ドル、3位が日本で4.9兆ドル、4位ドイツで3.7兆ドルと続いています。

　そしてその1位米国のGDPを支えているのは何と言っても前述の個人消費になります。

9-1 基軸通貨ドルとグローバルインバランス

　国際連合のデータによれば（2016年）、世界の個人消費は43.6兆ドルなのですが、そのシェアはやはり**米国が第1位で29.4%**、2位は中国で10.1%、3位は我が国日本で6.3%となっています。消費大国米国の比率は際立っており、これらからわかるのは、**米国の個人消費が世界のGDPを支えている**ということです。

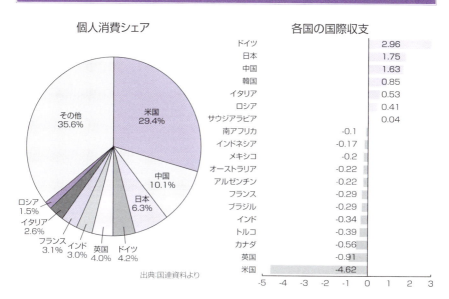

出典:国連資料より

▶▶ 米財務省の為替報告書

　基本的に、一国の個人消費が大きいということは国内製品だけではカバーできず海外からの輸入品への需要も強くなるということですが、それを考えれば、**米国の輸入規模が巨額であるのは当然**であるようにも思えます。基軸通貨ドルを有する米国はどうしても**巨額の貿易赤字・経常赤字を抱える**ことになっています。

　では、このような米国の赤字をファイナンスしているのはどこの国かといえば、中国や日本をはじめとするアジア諸国や産油国などの**経常黒字国**ということになります。

9-1 基軸通貨ドルとグローバルインバランス

このような世界的な**経常収支の不均衡が常態化していることをグローバルインバランス**（Global Imbalances）といいますが、**米国の赤字をファイナンスする国々の中で最も大きな貢献をしているのは中国**で、日本も常に中国に次ぐ2番手に付けています。

海外主要国の米国債保有残高（2018年10月）

国	残高（億ドル）
中国	1,138.9
日本	1,018.5
その他合計	524.7
ブラジル	313.9
アイルランド	287.3
英国	263.9
ルクセンブルク	225.4
スイス	225.2
ケイマン諸島	208.2
香港	185
サウジアラビア	171.3
ベルギー	169.7
台湾	162.3
インド	138.2

単位：億ドル
出典：財務省資料より

米財務省が発表する海外主要国の米国債保有残高によれば、中国と日本が常に上位となっており、これは貿易黒字や経常黒字によって生み出された資金で米国の赤字を支えていることを示しています。米国内ではこのような構図を「海外の国は米国に自国製品ばかりを売りつけ米国だけが損をしている」という風に捉え、この構図は米国内においてしばしば批判の対象となっています。

さらにその**米財務省が半期に1度（4月と10月）、連邦議会に為替報告書**を提出していますが、この報告書は、対米黒字国に対する不満の矛先を為替相場に向けている、と捉えることができます。2016年4月から、為替報告書による**「為替操作国の認定要件」**が設置されましたが、以下の3つがその要件に当たります。

① 大幅な対米貿易黒字国（対米貿易黒字額が年間200億ドル以上）
② 実質的な経常黒字国（経常黒字額がGDP比2％以上）
③ 継続的に一方的な為替介入をしている国
　（過去12カ月間の介入総額がGDP比2％以上）

　この要件すべてに該当すれば**「為替操作国」に認定**され、米国と協議の上、制裁措置が課されることになっています。3つのうち2つの要件に該当する国は**監視対象国**として為替政策が監視されることになっています。やり玉に挙げられる傾向にあるのが対米貿易で大幅な黒字額を計上している中国になりますが、中国は3つの要件のうち1つしか該当していません。がしかしトランプ政権誕生後は、該当要件が1つだけであっても米国の貿易赤字額に対する割合が高ければ、監視対象国とするといった例外規定も設けており、これは中国に特化した規定といっても過言ではありません。中国の為替操作は不透明なところもあるので、格好のターゲットといったところでしょうか。**中国の為替政策は自由相場制に移行されておらず、管理変動制の下で操作**されており、米国側からすると貿易不均衡の象徴的存在だという風に捉えられています。その他、中国以外では、3つの要件うち2つに該当する日本・韓国・ドイツ等が監視対象国の常連となっていますが、いずれも対米において経常黒字国である一方、持続的で一方的な為替介入は実施されていません。

　為替介入というのは、為替市場に直接介入することですが、日本やユーロ圏（ドイツ）が実施しているのはP129で説明したように、国内景気を浮揚させる量的緩和政策ですから、その結果、通貨安になったとしても米財務省のいう「為替介入」には当たらないのです。

　ただ、**米財務省の為替報告書は通貨安政策へのけん制**、といった意味合いが含まれるので、外国為替市場においてもこの半期に1度公表される為替報告書は注目されています。外国為替市場参加者には、「報告書にリストアップされた国は目先、通貨安にはもっていけないだろう」といった思惑が働きますので保護主義による貿易摩擦が高まっている昨今では特に材料視される傾向にあります。

基軸通貨国の経常赤字を支える経常黒字国への偏った評価

　米家計における低貯蓄率・過剰な個人消費が成り立つのも、これら中国や日本といった経常黒字国はじめとする海外投資家の支えがあればこそ、なのですが世界的な経常収支不均衡、といった面では米国から目の敵にされ不当な評価を受ける傾向にあります。過剰支出を支える国がなければ米国の経済自体が成り立たないのも事実なのです。

　米ドルが基軸通貨であるからこそ、米財務省が国債を大量発行しても、これらの国を含む海外投資家は自ずと米国債を購入する、といった構図になっており、基軸通貨国が巨大な経常赤字を他国の為替政策のせいにするのは無理があるように思えます。輸出という側面だけに目を向ければドル安にして海外に製品を売りつける、といった考えも米国にはあるかもしれませんが、**ドルへの信認が崩れると、逆に米国への資金流入が滞り、米家計の消費力が落ちることに繋がりかねない**ので、ドルは一定程度強い通貨でなくてはならない、というのが現状です。

9-2 脱ドル依存の波と中国人民元のドルへの挑戦

1つの通貨が基軸通貨として君臨し続けることによる弊害は常に存在しています。例えばリーマンショックなど、大規模な危機時においてはドルの流動性枯渇が発生しました。さらにドルが何らかの理由で高騰するときには必ずといっていいほど新興国で通貨危機が発生します。

▶▶ 基軸通貨国の保護主義政策と加速するドル一極体制のリスク

ドル一極体制からの脱却議論というのは常に存在します。議論が大きくなるタイミングとしてはFRBの利上げ等によってドルが強くなれば、財政基盤の脆弱な新興国通貨などは相対的に弱くなります。資金は金利の高いほうに流れていきますから、ドルが高騰すれば世界中のマネーが米国に還流され新興国などからは資金流出が発生するのです。

さらに米国と敵対関係にあるような国が米国から金融制裁を受けると、ドル調達が困難になり経済が立ち行かなくなりますし、米国内の問題によってドル高騰と共に各国のドル建て債務が膨張すれば、そのこと自体をもって自国通貨を売り浴びせられることもあります。

準備通貨としての役割も大きい基軸通貨・ドル資産を外貨準備の中に高い比率で保有することにリスクを感じる国は年々増加していますが、これら諸々の事情に加え、米国にトランプ政権が発足してからは特に「脱ドル体制」が意識されるようになりました。

トランプ米大統領の自国第一主義（アメリカファースト）に基づく保護政策には、**貿易相手国の通貨安を良しとしない「為替条項」の導入**を組み入れようとする側面があります。

9-2 脱ドル依存の波と中国人民元のドルへの挑戦

　米国の赤字幅が増加すれば、この為替条項を口実として貿易相手国の通貨高誘導を図り、または通貨安を牽制することが狙いなのですが、**このようなアナウンスが市場に浸透すれば（米国の）貿易相手国の金融政策や為替政策見通しは見えにくくなってしまいます**。換言すれば対ドルで高くしろということであり、それはそのまま米国自体がドル安を意図しているという風に市場は解釈することになるので、各国が保有する外貨準備としてのドル資産が目減りすることにつながるのです。

　2018年にはNAFTA（米国・カナダ・メキシコ間の自由貿易協定）との再交渉、韓国とのFTA、日本とのTAG（日米物品協定）においても為替条項を導入、もしくは導入の検討が図られました。このようなアナウンスが市場で広がるたびにカナダドル・メキシコペソ・韓国ウォン・日本の円は対ドルで通貨高方向に振れることが想定できます。さらに同年、米国のトランプ政権は鉄鋼・アルミニウムを中心とした関税を広範囲な国々に課すことにしました。関税を掛けられた国からすれば米国向け輸出が減少することにつながるので、結果として決済通貨である米ドルを手に入れることはできません。外貨準備の中心がドルであった場合のリスクはここでも大きく意識されることになります。

特に貿易赤字額の大きい中国との貿易摩擦は2018年から激しくなっており、この米中の貿易摩擦は「覇権争い」といわれています。「脱ドル依存」の波が大きくなる中で、基軸通貨を有する米国が人民元の国際化を推進する中国を蹴落とそうとしているようにも見えます。

人民元の国際化は覇権争いを象徴しており、中国は長年に渡って人民元の国際的地位向上に努めています。2015年11月に人民元がIMFのSDR構成通貨入りを果たしたのは、「国際化」の象徴的な出来事として語られることが多いですが、そのSDR構成通貨条件としては、「貿易取引額が大きく決済通貨として広く利用されている」ことなどでしたが、人民元はそれらをクリアしていました。何より2000年初頭から2013年にかけての経済成長率は8‐10%という高水準を維持し、2010年にはGDP規模で日本を追い越し世界2位の経済大国となりました。海外からの資金流入は旺盛であり、中国の人民元が日本の円より上位の（ドル・ユーロに続く）SDR構成通貨（3位）となったことに異論の声は少なく、むしろ信認毀損の不安がよぎるドルの役割減退とともに、ユーロ同様、主要通貨の一角として、国際通貨としての役割がますます拡大するのでは、といった声は年々高まっています。

▶▶ 準備通貨としての存在感増す人民元

世界の外貨準備の比率を確認すれば依然として米ドルの首位は揺るぎませんが、IMFのデータによれば世界の外貨準備高における人民元の地位が年々向上していることがわかります。

9-2　脱ドル依存の波と中国人民元のドルへの挑戦

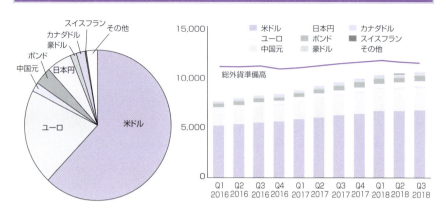

世界通貨流通量（2018年第3四半期）と外貨準備高の推移

出典:IMFデータ　2018年12月

　トランプ大統領が当選したのは2016年12月ですが、IMFの四半期報告によれば世界の外貨準備高の中におけるドルの比率はそのときを節目として低下しています。

　2016年第4四半期には、ドルの比率は65.36％でしたが、2018年第3四半期には61.94％まで落ち込みました。この水準は2013年第4四半期以来、5年ぶりの低水準です。逆にユーロは20.48％（2018年第3四半期）で4年ぶりの高水準をつけました。人民元がはじめてIMFのデータに登場したのは2016年第4四半期ですが、そのときの1.07％から1.80％（2018年第3四半期）まで飛躍的な上昇を遂げています。この間、オーストラリアドル（1.69％）を抜き去りカナダドルの水準（1.95％）まで到達していることがわかります。特に米国から金融制裁を受けるロシアは露骨にドルを嫌がり、ロシア中銀が外貨準備として保有する人民元の割合は15％まで上昇しています（2018年第2四半期）。

▶▶ 着々と進行する「人民元の国際化」という中国政府のプロジェクト

このように、準備通貨としての地位向上も目指す人民元ですが、中国は経済規模だけでなく軍事力、そして外交・金融と、そのプレゼンスを拡大しています。

2016年3月には中国政府の公的な政策である**「第13次5ヵ年計画」が正式可決**されましたが、主要政策として「人民元の国際化」が初めて明記されました。**2017年7月にはボンドコネクト（債券通）がスタート**、これによって海外投資家は香港経由で中国債券市場へ自由に参入できるようになりました。

ドル懸念が加速する中、**中国が推進する「一帯一路構想」においてもアジアインフラ投資銀行（AIIB）やシルクロード基金などが支柱**となっていることから、対象経済地域からは人民元需要が高まり、特に発展途上国や新興国は、一帯一路構想におけるインフラ投資に関し、巨額の費用を調達することが困難であり、そのような事情も人民元需要を押し上げにつながっています。さらに**パンダ債**（海外企業が中国本土で発行する人民元建ての債券）の発行は人民元の信用力を国際的に高め、中国の金融市場を国際的に開放する上で大きな効果をもたらしています。

2018年3月には**人民元建て原油先物**が上海先物取引所（SHFE）で取引がスタートしました。原油取引決済に関しても長らくドル集中といった状態ですが、メジャー産油国の中には米国と敵対するロシアやイランなどドル調達リスクを抱えている国も含まれています。その他産油国も原油決済の「大きなドル依存」に一抹の不安を抱えており、他通貨による取引動向に注目せざるを得ず、今後、人民元建て原油取引量は拡大していくものと考えられています。

「ドル基軸体制が揺らいでいる」といった議論は誇大ですが、米国が関税や金融制裁など強硬的な政策に傾斜していけば進行していくのはドル依存ではなくドル離れです。「ユーロにも遠く及ばない」というのは簡単ですが、違った視点で見ると驚異の一角としてみることは十分可能な動向だといえます。前掛かりで、ときには波紋を呼ぶ中国政府のプロジェクト推進ですが、結果としてそのプレゼンスは大きくなり公の需要につながっている、といった点は見逃せません。

9-2 脱ドル依存の波と中国人民元のドルへの挑戦

一帯一路のイメージ図

一帯一路沿線国（65ヵ国）	
人口	44億人（世界の63%）
経済規模（GDP）	21兆ドル（世界の29%）
中国語学習者	46万人超（中国を除く）

※中国メディア報道より

欧州、ロシア、シルクロード経済ベルト、中国、21世紀の海上シルクロード、地中海、アフリカ、インド洋、東南アジア、太平洋、南米

一帯一路の国際協力サミットフォーラムへ首脳が参加を表明した29ヵ国

アジア	オセアニア	欧州		中東・アフリカ	ロシアなど
・インドネシア ・ベトナム	・フィジー	・イタリア	・チェコ	・エチオピア	・ウズベキスタン
・カンボジア ・マレーシア	**南米**	・ギリシャ	・ハンガリー	・ケニア	・カザフスタン
・スリランカ ・ミャンマー	・アルゼンチン	・スイス	・ポーランド	・トルコ	・キルギス
・パキスタン ・モンゴル	・チリ	・スペイン			・ベラルーシ
・フィリピン ・ラオス		・セルビア			・ロシア

9-3 中国政府の為替政策

　外貨準備高、貿易輸出額ともに世界1位、GDP世界2位の中国の人民元は国際化がますます進んでいます。しかし為替政策は人民銀行の独立性の下で行われておらず、中国政府からのトップダウンで実施されているのが現状です。

▶▶ 管理変動相場制を採用する中国

　2000年代初頭に米国でITバブルの崩壊が起こったのち、米FRBが政策金利を急激に引き下げた結果、住宅バブルが発生しました。その過程において中国から米国へ住宅関連品目が大量に輸入され、この頃から中国における固定相場制（ドルペッグ制）に対する米議会の批判が高まり始めました。

　これによって、それまで1ドル8.28元の固定相場制（ドルペッグ）を採用していた中国は、2005年7月に1ドル8.11元から上下の変動をコントロールする**管理変動相場制へと移行**しました。対米ドルでは±0.3%、他通貨に対しては±1.5%で管理することにしたのです。中国人民銀行は毎日人民元の基準値を公表しますが、変動幅というのはその基準値からのレンジを指しています。

　その後も輸出額の拡大とともに米国からの切り上げ要求は強まり、段階的に変動幅を大きくしていきましたが、米国でリーマンショックが起こった2008年9月前後から1ドル6.82元で横ばいが続きました。リーマンショックを境に世界的な貿易収縮が起こり、そのため人民元の切り上げをストップし固定相場に戻したことになります。このドルペッグは2010年まで継続しましたが、ショックが収まり輸出の回復基調を見越した中国政府は再度の切り上げ要求に応じる形で緩やかな切り上げを再開しました。**2012年4月には（対米ドルで）±1%、2014年3月には±2%**と変動幅を広げていきました。

9-3 中国政府の為替政策

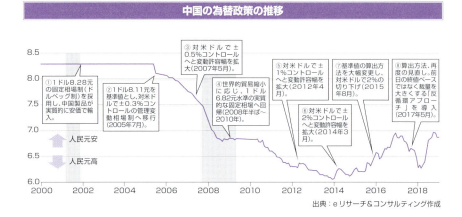

しかし、2015年に差し掛かった頃から元安が目立ち始めます。

それまでは人民元の切り上げ期待から中国国内への資金流入が続いていましたが、中国国内での内需縮小や人件費の高騰、それに踏まえ海外企業が中国から撤退する際には様々な困難があることや、中国国外への送金に手間が掛かる、中国政府の急な規制など**景気の鈍化以外のところでも不安材料が顕在化**しました。さらに2015年12月には米国で利上げが実施されました。

人民元の為替市場はオンショアとオフショアに分けられますが、値幅制限の無いオフショア市場で海外投資家が、これらの**「元安材料」を手掛かりとして元売りドル買いの投機を活発化させ人民元を押し下げ**、本土の**基準レートに波及したことで人民元安が進行**したことになります。結果、2014年6月には4兆100億ドルあった巨大な外貨準備は、中国人民銀行による香港市場でのドル売り元買い介入によって一気に縮小に転じました。

資本が流出し、さらに通貨の減価が進行した中国の人民元は、結局のところ2019年1月現在1ドル＝6.85元と、2008〜2010年に実施されていたドルペッグの水準（1ドル＝6.82元）まで巻き戻したことになりました。

9-3 中国政府の為替政策

「9-2節」で述べたように人民元の需要は増加し準備通貨・決済通貨としてもそのプレゼンスは拡大傾向にあります。よって一帯一路周辺国や中国とスワップを締結したアジアの国々、そして人民元を準備通貨としてその比率を高めている欧州各国やSDR構成通貨として採用したIMFからは人民元の切り上げ・安定化を求められており、米国は違った意味で切り上げ圧力を高めています。外貨準備の規模からすれば、その減少のみを理由として中国からの資金流出が続くことは考えにくいですが、メジャー通貨として浸透するまで多くの課題が残されている、といえそうです。

ちなみに、人民銀行は他主要国と違い**その独立性は十分確保されておらず**、他国の内閣に相当する国務院主導の下で為替・金融政策が採られています。

日本・中国の外貨準備高

注：金保有を除く

9-4 ドル独歩高と新興国の通貨安

2008年のリーマンショックをきっかけに世界的な金融危機を迎えました。米国はじめとする先進各国は景気後退に陥りましたが、中国はじめとする新興国・資源国が世界経済を牽引し、世界経済は多極化に向かいました。その結果、次なるリスクに対する耐性も分散化され、世界中に連鎖するような大きな危機の可能性は減退しているといわれています。

▶▶ 基軸通貨国・アメリカの利上げと新興国の通貨安

リーマンショックを起発点とした金融危機は信用収縮（クレジットクランチ）・貿易縮小と世界中に波及しました。基軸通貨ドル一極体制に不安をもたらし準備通貨・決済通貨の多極化の議論も絶えません。

リーマンショック以降、日米欧といった先進国は緩和政策を実行し、景気回復に邁進してきましたが、他国に先駆けて緩和政策から引き締め政策（出口政策）に転じたのはその米国でした。**米国の利上げ（2015年12月から）が加速すればそれまで世界に放出されていた過剰流動性マネーが米国に巻き戻され、新興国からは資金が引き上げられる**、といったマネーの循環がありますが（repatriation：リパトリエーション）、米国の利上げが本格化すればそれは一層顕著になります。**新興国通貨・金融市場のアンダーパフォームには、このような米国の引き締めを発端とした一定のシナリオが存在**しており、それが新興国通貨の危機を招く要因の1つの要因として議論される傾向にあります。

▶▶ 「経常赤字」「外貨準備不足」といった新興国通貨危機の共通点

米国の利上げや他要因によって、資金が引き上げられ通貨危機に陥る国の共通点としては、「**外貨準備不足**」、ということや「**恒常的な貿易赤字や経常赤字を抱えている**」、といったことが挙げられます。

経常赤字ということは外貨（この場合、米ドル）を稼げていないことを意味するので、顕著なドル不足に陥ったときには外国為替市場に直接介入するといった**ドル売り介入（自国通貨高）**といった通貨防衛手段が無くなってしまうことを意味します。

結果として、通貨安を防ぐ防衛手段としては**政策金利の引き上げ（利上げ）のみ**となってしまうわけですが、その国から資金が引き上げられ通貨安となっている状態のときに国内金利を引き上げてしまえば景気は一層悪化してしまうリスクが残ります。

よって前述のように**「経常赤字国」「外貨準備不足」**が市場でささやかれる新興国などは、そのようなワードを売りの材料としてヘッジファンドなどの投機筋から利用される傾向にあります。2018年のアルゼンチンペソとトルコリラはその最たる例となってしまいました。

アルゼンチン政策金利と米ドル・アルゼンチンペソ（USD/ARS）

2018年、アルゼンチンペソとトルコリラの通貨安連鎖

アルゼンチン通貨危機というのは不定期に発生する印象がありますが、2018年を時系列で追っていくと、4月下旬に米国の長期金利が節目である3％回復を果たしたのと同時にペソの急落が始まりました。2018年は米国の連続的な利上げ（3月・6月・9月・12月）が実施されましたが、4月の時点で今後、米国の利上げが継続するだろう、といった**「米国の金利先高観」**が市場参加者に意識され新興国**から資金が引き上げられる**ことが意識されたのです。

9-4 ドル独歩高と新興国の通貨安

　アルゼンチンの中央銀行は通貨防衛のために利上げを選択し、5月には3度の連続利上げを実施、政策金利は40％に到達しました。6月にはIMFに支援要請で合意しましたが、8月半ばからはトルコの通貨危機も発生したことから**互いに通貨が売り浴びせを食らう**、といった事態が発生しました。

　アルゼンチン政府はその後、IMFと融資枠拡大と前倒しで合意したと発表し（9月26日）、10月には政策金利が70％超となりました。これらに加え、米国の金利先高観の見通しが悪化したことからペソの長期急落に歯止めが掛かり、その後政策金利も徐々に引き下げられました。

▶▶ 通貨危機の特徴である「通貨安のチェーンリアクション」

　2018年8月半ばからのトルコリラ急落の原因として挙げられるのは、他通貨危機国と同様に**「経常赤字」と「外貨準備不足」といった通貨危機に巻き込まれる「NGワード」**があったことです。さらにアルゼンチン含む他新興国同様、**米国の利上げ問題が大きな背景**となっていたことに加え、トルコ固有の問題として米国人牧師がトルコ当局に拘束されたことで米トランプ政権から輸入関税の引き上げ等の経済制裁を課される、といった出来事があり、トルコリラは一気に急落しました。

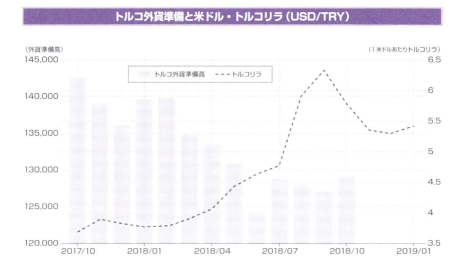

トルコ外貨準備と米ドル・トルコリラ (USD/TRY)

9-4 ドル独歩高と新興国の通貨安

　高金利通貨といった特徴があるトルコリラですが、外貨準備の枯渇とともにドル売り介入は制約され、結果的には利上げで凌ぐ、といったことが皮肉なことに高金利通貨として取引量が拡大する背景となっています。2016年11月に政策金利を8.00%とした後は1年半にわたり政策据え置き状態が続きましたが、2018年に入り対米ドルで最安値を更新し続けるといった危険な状態の中、5月、6月、9月と大幅な利上げを実行し、政策金利は24.00%となりました。前述のアルゼンチンも政策金利が70%を超えましたが、ともに過去、ハイパーインフレを経験しており、**経常赤字と外貨準備不足といった共通事項の中で連鎖が発生**した、ということになります。

トルコの政策金利と米ドル・トルコリラ (USD/TRY)

9-5 欧州不安ユーロ危機と過去の通貨危機

すでに述べたように、通貨危機には複数の共通事項があります。昨今のアルゼンチン・トルコの通貨危機はもとより90年代後半から2000年代初頭にかけての通貨危機、そして2009年末からの欧州危機（ユーロ危機）にも共通点がありました。このようなときにはIMFの支援プログラムの是非も議論されることになります。

▶▶ 通貨危機の温床となる途上国のドルペッグ制

2018年は米国の連続的な利上げ観測から、トルコやアルゼンチンだけでなく**その他新興国においても通貨安が加速**した年になりました。両国は極端な利上げによって資本流出や通貨安からくる高インフレ抑制政策を取ったことになります。恒常的な高インフレ国家の通貨はこのような形で高金利になっている場合は多いですが、豪ドルやNZドルといった高金利通貨とトルコリラ、アルゼンチンペソ、南アフリカランドなど高金利・高リスク新興国通貨には大きな隔たりがあります。さらに

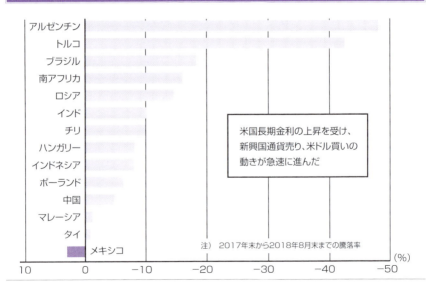

アルゼンチンとトルコは連続利上げ、他は為替介入や据え置き

注）2017年末から2018年8月末までの騰落率

9-5 欧州不安ユーロ危機と過去の通貨危機

同じ利上げでも米国などの先進国が利上げする場合は通貨が買われることが多いですが、**危機から脱出するための新興国の利上げは効果薄く**、極端な通貨安といった将来の不確実性から一層の通貨安につながるケースが目立ちます。

そのようなことから、**景気悪化リスクを踏まえ利上げに踏み切らない**、といった選択肢を取る新興国も多いといえます。

▶▶ 国際金融のトリレンマによって危機が波及

ただ、「新興国の利上げは効果薄」とは言っても1990年代から2000年代初頭にかけての通貨危機の際にはIMFがドルペッグ制を推奨していたこともあり、そのような「利上げで通貨防衛」といった手段すら選択できない状況でした。なぜならドルにペッグさせているため、「利上げ」「利下げ」といった金融政策も連動させなくてはならず、**危機の際に自由な金融政策を取ることができなかった**からです（後述：国際金融のトリレンマ）。

例えば、ドルが金利上昇とともに強くなってしまうと**ドルペッグをしている自国通貨は実体経済に見合わない通貨高と共に輸出競争力は逆に低下してしまう**（輸出品目が割高になる）、といった逆効果を生み出してしまいます。ペッグをしているのであれば金利の引き下げ（利下げ）はできないので、そこでミスマッチが生じ外貨も稼げなくなる、といった構造です。そうなってしまうと外貨不足とともに**ペッグ制を維持する介入コントロールすら困難となり変動為替相場への移行を余儀なくされ、それに目を付けた欧米ヘッジファンド等から通貨が売り浴びせる**、といった悪い循環に陥ることになります。

1997年に発生したアジア通貨危機もそのような状況でしたし、その後のブラジル危機（1999年）からのアルゼンチン通貨危機（2001年）、トルコ通貨危機（2000-2001年）も**IMFのドルペッグ制推進が危機を深刻化させる主因**になっていました。

アジア発の通貨危機は広範囲に連鎖し、ブラジルでも経常赤字と財政赤字といった「双子の赤字」を抱えていたため、それが市場に意識され、外国資本の急激な流出が発生することになりました。これによってブラジルはドルとのペッグを目的とした管理変動相場（1ドル1.12 - 1.22レアル）から誘導目標を示さない変動為替相場制への意向を余儀なくされ、そのことによって急激なレアル安が生じ、管理通貨

9-5 欧州不安ユーロ危機と過去の通貨危機

制廃止（99年1月）から僅か2年半で対ドルベースで半値まで減価したのです。

ブラジル同様、**対ドルペッグ制を採用していたアルゼンチン**にとって不幸だったのは最大の貿易相手国ブラジルの名目レートが半値となったことで、アルゼンチンペソは実質的に対レアルで2倍の増価となり輸出競争力が大幅に低下してしまったことです。結果としてドルペッグ制採用の負の連鎖が発生し、アルゼンチンも変動為替相場制に移行せざるを得なくなり（2002年2月）、アルゼンチンペソも大幅下落となりました。

▶▶「ギリシャ発の欧州ユーロ危機」と「アジア発の通貨危機」の共通点

「固定相場制」、「主体的な金融政策」、「自由な資本移動」といった3つの政策が並立しないことを**国際金融のトリレンマ**、といいますが、その中でも**主体的な金融政策が取れずに経済・通貨危機に陥った、という意味ではアジア発の通貨危機とギリシャ発の欧州財政危機は同じ類の危機**だったということができます。

「経常赤字国」「外貨準備不足」「ドルペッグ」などの国がヘッジファンドなどの投機筋に狙われる、としましたが、そのような意味で「**独立した金融政策が取れない**」といったことも投機筋に狙われる要素、といえそうです。

▶▶ 独自の金融政策が実行できないといったジレンマ

欧州不安の場合は、財政基盤が脆弱だった国々でも単一通貨ユーロを使用したことが危機の発端となりました。独自の通貨を放棄したことは自国通貨建て債券を発行できないことになり、金融政策はドイツを拠点とするECBに委ねることになりました。つまり前述のように**独自の金融政策が採れなくなってしまったのです**。

危機当時、財政基盤の脆弱な国の国債が売り浴びせられたことから、欧州ソブリン危機ともいわれました。**PIIGS（ポルトガル・アイルランド・イタリア・ギリシャ・スペイン）を中心に金利高騰の連鎖が発生**したのですが、このとき、各国中銀の裁量の下で金融政策を実行することができれば、売り浴びせを食らった自国の国債を買い支え、金利高騰を抑え込む、といった手段を採ることができます。

しかし構造上、それができなかったことから2010年にはアイルランドが破綻し2011年にはイタリアがIMFの管理下に入りました。ギリシャは**ECB、IMF、EUが一体となった「トロイカ」**によるコンディショナリティ（融資条件）の下で緊縮財政

の進行状況を監査される、といった状態に陥ったのですが、PIIGS中心とした財政危機国の**国債と単一通貨ユーロの売り浴びせがセット**になってしまい、ユーロ使用国すべてに危機が飛び火しました。**ソブリン危機とともにユーロ危機に陥った**ということになります。

▶▶ 今後も不定期に発生する通貨危機 - 見えない通貨危機の出口戦略 -

　ドルペッグ制が原因の通貨危機やこのような欧州危機からわかることは、**強い通貨の信用力を享受するにはそれなりの財政基盤を築いていないと長期的な通貨政策維持は難しい**、ということです。

　欧州危機においても放漫財政の国が強いドイツ経済を背景としたユーロの信用力を享受しようとしましたが危機を招きIMF支援を要請するといった事態に陥りました。もともと輸出競争力が強いドイツにとってユーロは利便性の高い通貨であり、逆にPIIGSにとっては財政に見合わない強い通貨であった、ということになります。欧州危機の場合は結果的にユーロ自体が毀損してしまいましたが、**通貨危機の出口戦略といった解決の糸口はまだ掴めておらず**、今後もこのような財政脆弱国が狙われる通貨危機は不定期に発生することが予想されます。

▶▶ 連想される日本特有の通貨危機

　ちなみに、通貨危機というのは急激な通貨安のことを指していますが、昨今における**日本独自の問題として通貨高危機**が注目されることがあります。

　例えば、急激な円高が発生した場合、ドル買い円売り介入（P104参照）が第1選択になるわけですが、第5章（単独介入と協調介入）で述べたように日本単独で円売り介入をしたとしても「海の中に石を投げるようなもの」といわれるように、ごく短期的な効果しか見込めません。第2選択肢としては外国為替市場に直接介入しない量的緩和政策による金利引き下げ政策（通貨安誘導）がありますが、日本では黒田日銀総裁の下、2013年から大規模な量的緩和政策を実施してきました。その結果、買い入れる国債は小規模であり2019年現在、「弾切れ」「金融政策限界」といわれています。既に述べたマイナス金利政策にしても量的ターゲットとして日銀当座預金の一部をプラスの付利としており、マイナス付利となっている政策金利残高の拡大は見込めません。あらゆる手段を用いて、**実質的に円安誘導してきた日本の「ドル**

9-5 欧州不安ユーロ危機と過去の通貨危機

防衛政策」は限界に達しているのです。残された手段としてはその効果が薄かったとしても無尽蔵にドル買い円売り介入を継続させることですが、国際協調の側面から実質的には不可能で、米国の政権からも経済政策を課されることになっています(9-1節参照)。

現状、急激な円高を防ぐ日本単独の政策は持ち合わせておらず、米国の連続利上げなど他国任せ、となっているのが現状です。

▶▶ IMFのARAは為替市場参加者にとって有意義な指標

2016年以降の米金利先高観を背景としたアジア主要国はじめとする新興国の連鎖的通貨安は、既に述べたように米国への資金還流が主因となっています。市場で「リスクオフ」「巻き戻し」「リパトリエーション」等のワードが意識されたとき、**IMFのARA(Assessing Reserve Adequacy)を参考とすることは為替市場参加者にとって有効な方法**になりそうです。

通貨安定を目的としているIMFでは、資金流出が発生した際の耐性を図るべく各国において**必要とされる外貨準備の適正目安(ARA)**を2011年から公表していますが、その国に必要とされる外貨準備を算出し、**推奨する適正なレンジ(Suggested Adequacy Range)を100-150%に設定**しています。算出方法は変動為替相場制を採用している国と、ドルペッグ制(固定為替相場制)を採用している国とで違っており、以下のようになっています。

変動為替の通貨国　　　　　　　　　　(※ブロードマネー=当該国のIMFベースによる広義流動性)
5%×輸出額+5%×ブロードマネー+30%×短期負債+15%×その他の負債
ドルペッグ制の通貨国
10%×輸出額+10%×ブロードマネー+30%×短期負債+20%×その他負債

繰り返し述べてきたように「経常赤字」「外貨準備不足」は売りのキーワードとなっていますが、ARAに適していない外貨準備不足(100%以下)の国はアルゼンチン(67%)、トルコ(77%)南アフリカ(63%)等を筆頭に通貨の売り圧力が高まる傾向にあります。各国の外貨準備高の公表は定期的に行われているので、IMFデータとともに参考にすると良いでしょう。

9-5 欧州不安ユーロ危機と過去の通貨危機

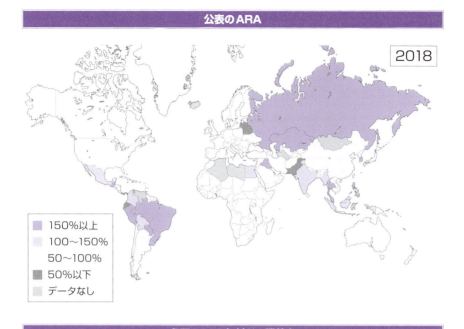

9-6 複数通貨に対する総合的価値を示すドル指数

為替相場では2ヵ国間の通貨ペアを見ることが普通ですが、複数通貨に対する1ヵ国の通貨価値を指数化したものがあります。特に注目されるのは、主要通貨に対する通貨価値を示したドル指数（ドル指数：US Dollar Index）です。

▶▶ ドルの総合的価値で為替市場の流動性を感じ取る

日本国内において、「ドル高（円安）」「ドル安（円高）」と表現するときは、大抵の場合ドル円レート（USD/JPY）が基準になっています。TV報道などでもドル円レートが上昇していれば「円安ドル高」、下落していれば「円高ドル安」と、**ドルと円の交換レートによってドルの強さを計ることが一般的**となっています。しかし2ヵ国間の通貨ペアを見るだけでは、他通貨も含めた総合的価値を知ることができません。対円でドルが弱くなっていたとしても、他主要国通貨に対してドルは総合的に強くなっている可能性があるからです。

為替相場はドルを中心に回っているので、**ドルの総合的価値を知ることができれば、世界の流動性の動向とともに、この第9章で述べてきた新興国通貨など他通貨の流れを感じ取ることができる**ように思えます。

▶▶ 複数のドルインデックス（ドル指数）

個別の対1通貨ではなく対複数通貨を対象とした総合的価値を示すドル指数は、ICE（インターコンチネンタル取引所）やBIS、FRBなど複数の期間が算出しています。算出元によって対象となる構成通貨の数や構成ウエイトも違ってきますが、**一般的にドル指数という場合にはICEのドル指数（DXY）のことを指していることが多いです**。ICEのドル指数はブレトンウッズ崩壊後の1973年3月から公表されていますが、その構成通貨は6通貨でユーロの構成比率が「半分以上」（57.6%）と最も高くなっています。

9-6 複数通貨に対する総合的価値を示すドル指数

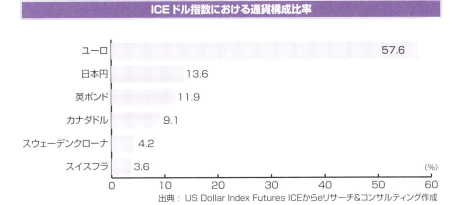

それに対して1998年から算出されている**FRBのドル指数**は、従来の対主要7ヵ国通貨のものと中国人民元を加えた対新興国19ヵ国通貨のもの、そしてそれらを合算した対26ヵ国通貨のものがありますが、従来の**対主要国通貨に人民元を加え**

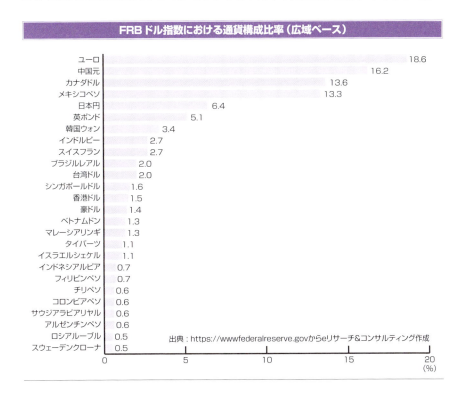

9-6 複数通貨に対する総合的価値を示すドル指数

た対26ヵ国通貨のドル指数は、米中の世界経済への影響力を踏まえており、主要指数として注目が高まっています。

ICEのドルインデックスにおけるユーロの構成比率は57.6%であるため、ユーロドル（EUR/USD）と強い相関関係にあります。一方、FRBのドルインデックス（広域26ヵ国ベース）はユーロの比率が18.6%であり、人民元は16.2%で組み入れられているので、人民元がドルペッグ制を採っていた時期を除き、ドル元レート（USD/CNY）と相関が強くなっています。FRBのドル指数は人民元の構成比率を高めており、ドル元レートは管理変動相場制の下、変動幅を大きくしているので、今後も強い相関関係になることが予想されます。

FRBドル指数とドル元レート（USD/CNY）

ドルの総合的価値を示すドル指数があるように、ユーロや人民元にもユーロ指数や人民元指数といった指数がありますが、これらもドル指数同様、複数の機関が算出しているため、対象通貨やウエイト算出、更新頻度も異なっています。しかし、その中でも人民銀行が運営する**中国外国為替取引センター（CFETS）が公表する人民元指数（CFETS RMB Index）**は市場で最も浸透している指数だといえます。

2019年1月時点で、参照としている**構成通貨（バスケット通貨）は24ヵ国通貨**であり、2015年に初めて公表された際の13ヵ国通貨から倍増していることがわかりますが、これは人民銀行経由で中国政府の為替政策が進行していることを示しています。

　FRB公表のドル指数は対26ヵ国通貨であり、（為替取引センター経由の）人民銀行公表の人民元指数は対24ヵ国であることを考えれば、「基軸通貨ドルを意識したドルへの挑戦」、といった風にも受け取れますが、結局のところどの指数にしてもドル・ユーロ・日本円・英ポンド・人民元が軸になっているので値動きとしては各国の政策変化など複合要因がベースとなっています。

　そういった意味において、為替レート変動は決して単純ではありません。過去から予見するといった姿勢は最小限にとどめ、いま目の前で話題となっている市場のテーマを他の変動要因と重ね、現況をどう見極めるのか、といったスタンスが重要だと感じる次第です。

索引
INDEX

数字／アルファベット

- 2大責務 ･･････････ 193
- 3年物LTRO ･･････････ 144
- 25ベーシスポイント ･･････････ 190
- AIIB ･･････････ 215
- APP ･･････････ 147
- ARA ･･････････ 228
- BIS ･･････････ 42
- BIS実効為替レート指数 ･･････ 92
- BNPパリバ ･･････････ 56
- BOC ･･････････ 65
- BOE ･･････････ 65,109
- BOJ ･･････････ 65
- CFETS ･･････････ 232
- CPI ･･････････ 93
- DXY ･･････････ 230
- EBS ･･････････ 32
- ECB ･･････ 54,65,109,142
- EONIA ･･････････ 202
- ESCB ･･････････ 54
- EU ･･････････ 52
- FB ･･････････ 106
- FFレート ･･････････ 67
- FFレート金利 ･･････････ 66
- FOMC ･･････････ 181
- FOMC声明文 ･･････････ 186
- FRB ･･････ 65,80,108,109,180
- FRB議長 ･･････････ 183
- FRB議長講演 ･･････････ 184
- FX ･･････････ 51
- HICP ･･････････ 165
- ICE ･･････････ 230
- IMF ･･････････ 34
- IOER ･･････････ 200
- IRBD ･･････････ 34
- ISO ･･････････ 42
- LTRO ･･････････ 144
- NCB ･･････････ 111
- NFP ･･････････ 155,157
- PCE価格指数 ･･････････ 165,192
- PCEデフレーター ･･････････ 165,192
- PECD ･･････････ 93
- PIIGS ･･････････ 58,226
- QE ･･････････ 126,130,174
- QT ･･････････ 174
- RBA ･･････････ 65
- SEP ･･････････ 191
- SHFE ･･････････ 215
- SNB ･･････････ 65
- TTB ･･････････ 23
- TTM ･･････････ 23
- TTS ･･････････ 23
- Tノート ･･････････ 136
- Tビル ･･････････ 136
- Tボンド ･･････････ 136

あ行

- アジアインフラ投資銀行 ･･････ 215
- アナウンスメント効果 ･･････ 78
- アルゼンチン通貨危機 ･･････ 221
- アルゼンチンペソ ･･････ 221
- イールドカーブ ･･････ 167
- 一帯一路 ･･････ 215
- 一般個人投資家 ･･････ 32

イングランド銀行	65
インターコンチネンタル取引所	230
インターバンク・レート	22
インターバンク市場	22
インバージョン	168
インフレ	74, 164
インフレ率	192
売りオペ	71
円買い介入	107
円キャリートレード	82
円高・円安	18
円高要因	87
円安トレンド	138
円安要因	87
欧州危機	224
欧州債務危機	56
欧州ソブリン危機	226
欧州中央銀行	54, 65, 142
欧州中央銀行制度	54
欧州連合	52
オーストラリア準備銀行	65
オファー・ビッド方式	26
オファーレート	25
オフィシャルキャッシュレート	66
隠密介入	120

か行

買いオペ	71
外貨準備の適正目安	228
外国為替	10
外国為替市場	13
外国為替証拠金取引	51
外国為替平衡操作	104
外国為替レート	12
介入効果	112
掛け算通貨	48

下限	199
カスタマーズ・レート	22
仮想通貨	40
カナダ銀行	65
為替	10
為替介入	104
為替介入枠	123
為替条項	211
為替操作国	209
為替操作国の認定要件	209
為替ブローカー	31
為替予約	27, 28
為替リスク	27
為替レート	12
監視対象国	209
管理変動制	209
管理変動相場制	217
緩和	67
機関投資家	32
基軸通貨	17, 206
逆イールド	168
キャッシュレート	66
キャップ	199
キャリートレード	82
協調介入	112
キングストン合意	37
銀行	30
銀行間3ヶ月物国内金利	66
金ドル本位制	35
金本位制	35
金融緩和	67, 71
金融政策	62, 68
金融引き締め	67, 71
口先介入	123
グリーンブック	194, 197
クレジットクランチ	220

グローバルインバランス ・・・・・・・・・・・ 208
クロス円 ・・・・・・・・・・・・・・・・・・・・・・・・ 48
クロスユーロ ・・・・・・・・・・・・・・・・・・・・ 48
クロスレート ・・・・・・・・・・・・・・・・・・・・ 48
経済見通し ・・・・・・・・・・・・・・・・・・・・ 191
経常赤字 ・・・・・・・・・・・・・・・・・・・・・・・ 90
経常移転収支 ・・・・・・・・・・・・・・・・・・・ 86
経常黒字 ・・・・・・・・・・・・・・・・・・ 90,208
経常収支 ・・・・・・・・・・・・・・・・・・・・・・・ 83
経常取引 ・・・・・・・・・・・・・・・・・・・・・・・ 85
元 ・・・・・・・・・・・・・・・・・・・・・・・・・・・ 211
限界貸付ファシリティ金利 ・・・・・・・・ 202
現金売相場 ・・・・・・・・・・・・・・・・・・・・・ 24
現金買相場 ・・・・・・・・・・・・・・・・・・・・・ 24
現金相場 ・・・・・・・・・・・・・・・・・・・・・・・ 24
減税政策 ・・・・・・・・・・・・・・・・・・・・・・ 175
コアCPI ・・・・・・・・・・・・・・・・・・・・・・ 165
コア指数 ・・・・・・・・・・・・・・・・・・・・・・ 165
公開市場操作 ・・・・・・・・・・・・・ 64,68,69
構成通貨 ・・・・・・・・・・・・・・・・・・・・・・ 232
公定歩合政策 ・・・・・・・・・・・・・・・・・・・ 64
公募形式 ・・・・・・・・・・・・・・・・・・・・・・・ 33
国際金融のトリレンマ ・・・・・・・・・・・ 226
国際決済銀行 ・・・・・・・・・・・・・・・・・・・ 42
国際収支統計 ・・・・・・・・・・・・・・・・・・・ 85
国際通貨基金 ・・・・・・・・・・・・・・・・・・・ 34
国債の売り浴びせ ・・・・・・・・・・・・・・・ 59
国際標準化機構 ・・・・・・・・・・・・・・・・・ 42
国際復興開発銀行 ・・・・・・・・・・・・・・・ 34
国庫短期証券 ・・・・・・・・・・・・・・・・・・ 106
固定為替相場制 ・・・・・・・・・・・・・・・・・ 34
雇用者報酬 ・・・・・・・・・・・・・・・・・・・・・ 88
雇用統計 ・・・・・・・・・・・・・・・・・・・・・・ 154
コリドーシステム ・・・・・・・・・・・・・・・ 199
コンファレンスボード消費者信頼感指数
　・・・・・・・・・・・・・・・・・・・・・・・・・・・ 162

さ行

サービス収支 ・・・・・・・・・・・・・・・・・ 86,88
債権通 ・・・・・・・・・・・・・・・・・・・・・・・ 215
財政政策 ・・・・・・・・・・・・・・・・・・・・・・ 175
財務官 ・・・・・・・・・・・・・・・・・・・・・・・ 105
財務大臣 ・・・・・・・・・・・・・・・・・・・・・・ 105
先物為替予約 ・・・・・・・・・・・・・・・・・・・ 27
先物取引 ・・・・・・・・・・・・・・・・・・・・ 25,27
先物レート ・・・・・・・・・・・・・・・・・・・・・ 27
サマータイム制 ・・・・・・・・・・・・・・・・・ 15
直物取引 ・・・・・・・・・・・・・・・・・・・・・・・ 25
直物レート ・・・・・・・・・・・・・・・・・・・・・ 25
事業法人 ・・・・・・・・・・・・・・・・・・・・・・・ 32
市場介入 ・・・・・・・・・・・・・・・・・・・・・・ 104
失業率 ・・・・・・・・・・・・・・・・・・・・・・・ 155
実効為替レート ・・・・・・・・・・・・・・・・・ 91
実質実効為替レート ・・・・・・・・・・・ 91,92
実需 ・・・・・・・・・・・・・・・・・・・・・・・・・・ 96
実需筋 ・・・・・・・・・・・・・・・・・・・・・・・・ 96
実需取引 ・・・・・・・・・・・・・・・・・・・・・・・ 94
実需マネー ・・・・・・・・・・・・・・・・・・・・・ 97
実弾介入 ・・・・・・・・・・・・・・・・・・・・・・ 123
質への逃避 ・・・・・・・・・・・・・・・・・・・・・ 83
私募形式 ・・・・・・・・・・・・・・・・・・・・・・・ 33
資本取引 ・・・・・・・・・・・・・・・・・・・・・・・ 85
ジャクソンホール公演 ・・・・・・・・・・・ 184
就職意思喪失者 ・・・・・・・・・・・・・・・・ 155
住宅着工件数 ・・・・・・・・・・・・・・・・・・ 159
順イールド ・・・・・・・・・・・・・・・・・・・・ 167
準備通貨 ・・・・・・・・・・・・・・・・・・・・・・ 211
準メジャーカレンシー ・・・・・・・・・・・ 50
上限 ・・・・・・・・・・・・・・・・・・・・・・・・・ 199
詳細報告 ・・・・・・・・・・・・・・・・・・・・・・ 194
消費者心理 ・・・・・・・・・・・・・・・・・・・・ 162
消費者物価指数 ・・・・・・・・・・・・・・・・・ 93
所得収支 ・・・・・・・・・・・・・・・・・・・・・・・ 86

所得修正	86	中央銀行	64,81
シルクロード飢饉	215	中央値	191
新興国	220	中国外国為替取引センター	232
人民元	213	中国人民元	211
人民元指数	232	中立金利	191
信用収縮	220	超過準備付利	200
スイス国民銀行	65	通貨高介入	106
スクウェア	99	通貨当局	120
スティープニング	168	通貨取引シェア	42,44
スプレッド	26	通貨ペア	42
スペキュレーター	96	通貨安介入	106
スポット取引	25	通貨安政策	130,174
スポットレート	25	通貨安のチェーンリアクション	222
スミソニアン合意	36	低金利通貨	84
スミソニアン体制	36	ディスカウント・レート	200
政策金利	64,66,68	テーパリング	147
政府短期証券	106	出口戦略	151,176
政府の為替介入	105	デュアル・マンデート	193
ゼロ金利政策	72	電子ブローキング	31
全地区概要	194	電信相場	23
総合指数	165	ドイツ連銀	53
相対取引	22	トゥー・ウェイ・クォーテーション	26
その他サービス収支	88	投機	96
ソブリン危機	226	投機筋	96

た行

第一次所得収支	88	投機取引	96
第一次推計値	154	投機マネー	97
対顧客市場	22	投資収支	88
対顧客電信売相場	23	ドットチャート	189
対顧客電信買相場	23	ドットプロット	189
第二次所得収支	89	ドル売り介入	107
代表値	191	ドル円レート	20
建値	26	ドルキャリートレード	82
単独介入	112	トルコリラ	222
地区連銀	181	ドル指数	230
		ドルストレート	43,48
		ドル高・ドル安	19

ドル安政策・・・・・・・・・・・・・・・・・・・・・・ 174
トレジャリー・・・・・・・・・・・・・・・・・・・・・ 136
トレジャリーイールドカーブ ・・・・・・・・ 168

な行

内外金利差・・・・・・・・・・・・・・・・・・・・ 62,73
内国為替・・・・・・・・・・・・・・・・・・・・・・・・ 10
仲値・・・・・・・・・・・・・・・・・・・・・・・・・・・・ 23
ニクソンショック・・・・・・・・・・・・・・・・・・ 36
日銀為替課・・・・・・・・・・・・・・・・・・・・・ 105
日銀当座預金・・・・・・・・・・・・・・・・・・・ 127
日銀砲・・・・・・・・・・・・・・・・・・・・・・・・・ 115
日米金利差・・・・・・・・・・・・・・・・・・・・・・ 62
日本銀行・・・・・・・・・・・・・・・・・・・・・ 63,65
ニューヨーク連邦準備銀行 ・・・・・・・・・ 109
ノンパラレルシフト ・・・・・・・・・・・・・・ 173

は行

バスケット通貨・・・・・・・・・・・・・・・・・・ 232
パラレルシフト・・・・・・・・・・・・・・・・・・ 168
パリバショック・・・・・・・・・・・・・・・・・・・ 56
パンダ債・・・・・・・・・・・・・・・・・・・・・・・ 215
バンドワゴン効果・・・・・・・・・・・・・・・・ 129
引き締め・・・・・・・・・・・・・・・・・・・・・・・・ 67
ビットレート ・・・・・・・・・・・・・・・・・・・・・ 25
非農業部門雇用者数 ・・・・・・・・・・ 155,157
非不胎化介入 ・・・・・・・・・・・・・・・・ 117,118
フェデラルファンド金利 ・・・・・・・・・・・・ 66
フォワードガイダンス ・・・・・・・・・・・・ 166
フォワード取引・・・・・・・・・・・・・・・ 25,27
フォワードレート ・・・・・・・・・・・・・・・・・ 27
覆面介入・・・・・・・・・・・・・・・・・・・・・・・ 120
不胎化介入・・・・・・・・・・・・・・・・・・・・・ 117
双子の赤字・・・・・・・・・・・・・・・・・・・・・・ 38
物価基準・・・・・・・・・・・・・・・・・・・・・・・・ 75
物価上昇率・・・・・・・・・・・・・・・・・・ 75,166

物価目標・・・・・・・・・・・・・・・・・・・・・・・・ 74
プラザ合意・・・・・・・・・・・・・・・・・・・・・・ 38
ブラックアウト期間 ・・・・・・・・・・・・・・ 184
ブラックアウトルール ・・・・・・・・・・・・ 184
フラットイールド ・・・・・・・・・・・・・・・・ 168
フラットニング ・・・・・・・・・・・・・・・・・・ 168
付利・・・・・・・・・・・・・・・・・・・・・・・・・・・ 201
ブルーブック・・・・・・・・・・・・・・・ 194,196
ブルスティープニング ・・・・・・・・・・・・ 173
ブルフラットニング ・・・・・・・・・・・・・・ 173
ブレトンウッズ体制 ・・・・・・・・・・・・・・・ 35
フロア・・・・・・・・・・・・・・・・・・・・・・・・・ 199
フロート制・・・・・・・・・・・・・・・・・・・ 13,34
プロップディーラー ・・・・・・・・・・・・・・・ 99
プロプライアトリーディーラー ・・・・・・ 99
ベアスティープニング ・・・・・・・・・・・・ 173
ベアフラットニング ・・・・・・・・・・・・・・ 173
米国債・・・・・・・・・・・・・・・・・・・・・ 101,136
米雇用情勢・・・・・・・・・・・・・・・・・・・・・ 154
米ドル・・・・・・・・・・・・・・・・・・・・・・・・・・ 16
米労働省・・・・・・・・・・・・・・・・・・・・・・・ 154
ベージュブック・・・・・・・・・・・・・・・・・・ 194
ベースマネー・・・・・・・・・・・・・・・・・・・ 117
ベースレート ・・・・・・・・・・・・・・・・・・・・ 66
ヘッジファンド・・・・・・・・・・・・・・・・・・・ 33
変動為替相場制・・・・・・・・・・・・・・・ 12,34
ボイスブローキング ・・・・・・・・・・・・・・・ 31
貿易赤字・・・・・・・・・・・・・・・・・・・・・・・・ 87
貿易黒字・・・・・・・・・・・・・・・・・・・・・・・・ 87
貿易収支・・・・・・・・・・・・・・・・・・・・・・・・ 86
ポジションテイカー ・・・・・・・・・・・・・・・ 99
ボラティリティ ・・・・・・・・・・・・・・ 46,100
ポリシーミックス ・・・・・・・・・・・・・・・・ 175
ボンドコネクト・・・・・・・・・・・・・・・・・・ 215

ま行

マーケットメーカー ･････････････ 31
マーケットユーザー ･････････････ 31
マーストリヒト条約 ･････････････ 52
マイナーカレンシー ･････････････ 50
マイナス金利････････････ 146,202
マネーストック ･････････････････ 127
マネタリーベース ･･････････････ 127
ミシガン大学消費者信頼感指数 ･･････ 162
溝口・テイラー介入 ････････････ 115
無担保コール市場 ････････････････ 69
無担保コール翌日物レート ･････ 64,67
無担保コールレート ･････････････ 66
名目実効為替レート ･････････････ 91
メジャーカレンシー ･････････････ 50

や行

有事の円買い ･･････････････････ 84
有事のドル買い ･･･････････････ 37,84
誘導目標 ･･･････････････････････ 69
ユーロ ････････････････････････ 52
ユーロ危機 ･･･････････････････ 224
ユーロ圏 ････････････････････････ 54
ユーロ圏オーバーナイト平均金利 ････202
ユーロシステム ･･････････････････ 55
輸出取引 ････････････････････････ 87
輸送収支 ････････････････････････ 88
輸入取引 ････････････････････････ 87
輸入予約 ････････････････････････ 28
ヨーロッパ連合条約 ･････････････ 52
預金準備率操作 ･･････････････････ 64
預金ファシリティ金利 ･････････ 202
翌日物金利 ･････････････････････ 66
予想幅 ････････････････････････ 191

ら・わ行

利上げ･･･････････････････････ 75
利上げ・利下げ ･･････････････ 67
リクイディティ ･････････････ 50
利下げ ･･････････････････････ 75
リスクオフ ････････････････････ 83
リスクオン ････････････････････ 83
リパトリエーション ･･･････ 100,220
リファイナンス金利 ･･･････････ 66
利回り曲線 ･･････････････････ 167
流動性 ･･････････････････････ 50
量的緩和政策 ･･････ 126,130,142,174
量的引き締め ････････････････ 174
旅行収支 ･･････････････････････ 88
ルーブル合意 ････････････････ 39
レピュテーションリスク ･･････ 201
レポ金利 ･･････････････････････ 66
連邦公開市場委員会 ････････ 181
連邦準備銀行 ････････････････ 181
連邦準備制度 ････････････････ 181
連邦準備制度理事会 ･･････ 65,109,181
労働参加率 ･･･････････････････ 156
労働力人口 ･･･････････････････ 155
割り算通貨 ･･･････････････････ 48

著者紹介

脇田 栄一（わきた えいいち）

1973年生、福岡県出身。
eリサーチ＆コンサルティング代表。
専門分野：金融市場・金融政策。

福岡県中小企業振興センター
国際金融分野派遣コンサルタント（輸出入企業の為替予約等）

金融ブログ：ニューノーマルの理（ことわり）は、様々なネットポータルに転載されており、金融メディアとしても活躍中。

eリサーチ＆コンサルティングHP：http://www.eresearch.jp/

●イラスト　田中 秀典

図解入門ビジネス
最新為替の基本とカラクリが
よ～くわかる本［第2版］

発行日	2019年　3月11日	第1版第1刷
	2021年　3月10日	第1版第2刷

著　者　脇田　栄一

発行者　斉藤　和邦
発行所　株式会社　秀和システム
　　　　〒135-0016
　　　　東京都江東区東陽2-4-2　新宮ビル2F
　　　　Tel 03-6264-3105（販売）Fax 03-6264-3094
印刷所　三松堂印刷株式会社　　　　Printed in Japan

ISBN978-4-7980-5668-5 C2034

定価はカバーに表示してあります。
乱丁本・落丁本はお取りかえいたします。
本書に関するご質問については、ご質問の内容と住所、氏名、電話番号を明記のうえ、当社編集部宛FAXまたは書面にてお送りください。お電話によるご質問は受け付けておりませんのであらかじめご了承ください。